NOUVELLES
DU FRONT

Marine Tondelier

NOUVELLES DU FRONT

ÉDITIONS LES LIENS QUI LIBÈRENT

ISBN : 979-10-209-0475-1

AVANT-PROPOS

Avant, le Front national au pouvoir, c'était Marignane, Vitrolles et Dreux. Des victoires surprises dans la deuxième moitié des années 1990, y compris pour les maires en question. Un manque cruel de préparation, de formation et d'encadrement des équipes municipales, aggravé par la scission du parti en 1998. Mais aussi des politiques contestées et décevantes par rapport aux promesses électorales qui avaient été brandies. Bref, une gestion calamiteuse et des expériences globalement peu concluantes, qui, à l'exclusion d'Orange, écarteront temporairement ce parti des responsabilités municipales.

Ces premières expériences malheureuses ont forgé le fameux mythe selon lequel d'éventuelles victoires frontistes aux municipales de 2014 n'auraient que des conséquences très limitées. Combien de fois n'a-t-on pas entendu, sur le territoire du Nord-Pas-de-Calais, des barons locaux jouer à l'apprenti sorcier en devisant, pétris de certitudes: « Hénin-Beaumont tombera, tant pis », « Ça servira de leçon aux électeurs de toute la région », « Un sacrifice à faire », « Ça les vaccinera » ?

***

Trois ans plus tard, je vous le confirme: les élections municipales de mars 2014 m'ont vaccinée.

Vaccinée, premièrement, contre les certitudes des vieux routiers de la politique, dont les pronostics éculés n'ont cessé d'être déjoués depuis. Dans le bassin minier, ils étaient sûrs que les électeurs seraient châtiés de leur outrecuidant vote FN par les politiques que mènerait la nouvelle municipalité héninoise, et que cela échauderait les habitants des villes voisines. Résultat: beaucoup semblent avoir apprécié la punition, puisque les électeurs ont choisi en mars 2015 de porter le Front national au conseil départemental du Pas-de-Calais dans six cantons, soit les deux cantons d'Hénin-Beaumont – ville où le Front national enregistre une moyenne de 64 % et même des pics à 72 % dans certains bureaux – ainsi que ceux de Lens, Wingles, Harnes et Lillers. Sur le territoire national, la vague bleu marine enregistrée lors des élections régionales de décembre 2015 démontrera d'ailleurs également que la gestion municipale du FN mise en œuvre depuis 2014 est loin de lui avoir porté préjudice, électoralement parlant.

Vaccinée aussi contre le manque d'esprit critique de ceux qui ont décidé, drapés dans leur bien-pensance, de faire des électeurs du Front national les boucs émissaires de la déchéance électorale française. Se focaliser sur ce qui n'est qu'un symptôme a, certes, quelque chose de bien plus confortable que d'avoir le courage d'en rechercher les causes profondes, surtout quand on en porte en partie la responsabilité. Mais on ne convainc personne en lui assenant, au mieux, qu'il est complètement abruti, au pire, qu'il est fasciste, sans chercher à retracer le chemin qui l'a amené à ce vote. Ce pacte de confiance noué à un moment donné avec un parti extrémiste n'arrive jamais par hasard, rarement sans raison.

Vaccinée enfin contre l'incapacité de ceux qui font de la politique non plus par conviction mais par habitude, à se remettre en question et à intégrer dans leurs méthodes et leurs politiques l'écart de plus en plus monumental qui les sépare des Français.

***

Quant au Front national, il semble qu'il ait appris de ses erreurs des années 1990. À Hénin-Beaumont, l'équipe qui a pris le pouvoir s'était préparée depuis longtemps, y compris avec le parachutage savamment orchestré de cadres.

Leur victoire ne fut pas une surprise mais le fruit d'un travail de terrain de plus de vingt ans inspiré des méthodes du communisme municipal, couronnée d'une progression électorale continue.

Les politiques qu'ils ont déroulées depuis leur élection répondent à un plan bien précis, stratégiquement élaboré pour mettre en scène de manière concrète un FN *new age*, propre sur lui, auquel on donnerait le Bon Dieu sans confession, pendant municipal du nouveau parti de Marine Le Pen, vitrine bien lustrée, destinée à rassurer, impressionner même et en somme convaincre.

Convaincre. C'est la faculté qu'a perdue une bonne partie de la classe politique. Il faut voter utile. Faire barrage. Monter en urgence des « cordons sanitaires », « se ressaisir », nous assène-t-on. Mais voter utile pour qui ? Pour quoi faire ? Dès que l'on cherche à creuser, on est confronté au vide intersidéral de l'argumentation péremptoire de certains politiques qui ont fait du barrage au FN la dernière corde de leur arc fatigué. Finalement, c'est un peu comme s'ils tentaient progressivement d'installer chez nous un moteur de vote qui serait alimenté par la peur à cause du manque déplorable d'envie. Par la forme puisque le fond ne nous convainc plus. Mais la faute à qui ?

***

Au cours de ces derniers mois, j'ai recueilli des dizaines de témoignages parmi les habitants, observateurs, acteurs de la vie politique et sociale municipale.

Intimidation, prises à partie et lynchage public des récalcitrants… Un vrai règne de la peur a vu le jour. Cela ne m'empêche pas par ailleurs d'être lucide et sincère sur ce qui marche : les réussites, l'intelligence stratégique, les « bons coups ».

Les cadres locaux du Front national qualifient à longueur de semaine l'opposition municipale de « stérile et revancharde ». Je pense sincèrement l'être bien moins qu'eux. Mes collègues et moi avons d'ailleurs instantanément accepté la défaite de mars 2014. Nous devions nous concentrer sur la suite sans ressasser indéfiniment notre déception, même légitime. Il fallait d'urgence passer à l'action.

J'ai bien conscience de l'intérêt qu'ils ont à nous présenter comme aigris, haineux, et uniquement animés par un esprit de revanche, pendant qu'eux seraient exclusivement préoccupés, et de manière totalement désintéressée qui plus est, du bien-être des habitants et de l'intérêt général de la ville. Je sais aussi que c'est de ce genre de caricature qu'ils se nourrissent depuis des années pour progresser électoralement. Comme l'ont fait les supporters du Brexit. Comme l'a fait Donald Trump.

Nous avons notre part de responsabilité dans ces échecs cinglants. Effectivement, le combat contre le Front national s'est trop souvent éloigné du champ politique pour rejoindre celui de la démonologie. Certains tentent de combattre ce parti comme ils organiseraient une séance collective d'exorcisme. Les dommages de cette stratégie, humiliante pour leurs électeurs et inefficaces pour ceux qui tentent de les convaincre, sont aujourd'hui connus de tous. Le phénomène est international. Mais les habitudes sont tenaces et l'extrême droite me semble avoir encore de belles heures devant elle.

***

Pendant ce temps-là, à Hénin-Beaumont, nous avons appris à vivre avec le Front national aux commandes. La vie politique locale avait depuis quelques années quelque chose de stupéfiant et de caricatural, d'exaspérant même, parfois. Quelque part entre *Dallas* et le *Baron noir*. L'élection du Front national n'a finalement rien changé au ton psychodramatique que prend trop souvent l'actualité politique ici, son univers impitoyable, ses péripéties tragicomiques. Un dépôt de gerbe un 8 mai finit par une tentative de bouter l'opposition hors du cimetière. Les conseils municipaux ont pris des airs de meetings FN auxquels on assiste comme on irait au cirque s'amuser et se défouler un coup. Les réseaux sociaux sont devenus des déversoirs de haine, dans lesquels même les plus timides se laissent entraîner par le flot intarissable d'insultes et de propos xénophobes. La délation est devenue monnaie courante. Le journal municipal fustige publiquement ceux qui ne vont pas dans le sens du pouvoir, ce qui sert d'avertissement à ceux auxquels pourrait venir l'idée folle de les imiter. Les responsables associatifs doivent coopérer et être discrets sur leurs états d'âme ou en subir les conséquences. Les employés municipaux sont mis au pas, amicalement invités à se taire au risque de s'exposer à des rappels à l'ordre menaçants.

Le rôle d'élue d'opposition prend ici tout son sens. Il met les nerfs à rude épreuve. Il forge le caractère. Certains épisodes marquent. Des moments où l'émotion vous inonde en un éclair, vertigineusement, et doit être canalisée en urgence. Ne rien laisser transparaître. Jamais. Ça leur ferait trop plaisir. Comme cette fois où, face à la stèle du square Jean-Moulin, un 8 mai, l'harmonie municipale s'est mise à jouer le *Chant des partisans* devant les adjoints FN ceints de leur écharpe bleu, blanc, rouge. Nous sommes quelques-uns à avoir été assaillis par le poids de l'histoire, médusés par ce pied de nez malsain.

D'autres épisodes, à l'inverse, font presque sourire, comme ce moment où le maire, en plein conseil municipal, a voulu se déguiser en écolo convaincu pour suivre la tendance, et a tenté de parler des gaz de couche – l'équivalent des gaz de schistes dans les territoires miniers – mais a commis un lapsus révélateur en parlant, très fier de lui, de « gaz de souche » avant de se ressaisir, déconfit.

Les comptes rendus réguliers de conseil municipal rédigés sur mon blog, les anecdotes rapportées sur ma page Facebook ou sur Twitter, tantôt avec humour, tantôt avec colère, s'accompagnent de commentaires tour à tour encourageants ou résignés, indignés ou blasés, qui m'incitent à poursuivre le combat. L'idée d'en tirer un livre a ainsi commencé à germer, inspirée par la nécessité de raconter ce qu'est le Front national au pouvoir au quotidien, avec ses forces et ses faiblesses, par le devoir de consigner pour se rappeler.

Ce projet provient aussi du regard incrédule de mes interlocuteurs quand je leur explique que je comprends et parfois même partage la colère des électeurs du Front national à Hénin-Beaumont. Après avoir pris connaissance de l'histoire et de l'identité singulière de cette ville, peut-être en sera-t-il de même pour vous. Cela ne fera pas de vous des complices mais au contraire des témoins avisés, capables à l'avenir de convaincre sans exorciser.

***

Steeve Briois a engrangé depuis le début de son mandat quelques victoires à Hénin-Beaumont. Politiques. Morales. Financières. Communicationnelles. Sociales, même. Et il faut l'avouer… quand on regarde à quel point dans cette ville les quinze années précédentes avaient été laborieuses politiquement, il y a de quoi être désarçonné. Certains m'en voudront probablement de l'écrire. Cela sera pour eux une transgression. Une trahison. Je pense au contraire que la reconquête, que j'ai en permanence à l'esprit, passera par là ou ne sera pas.

1

Dimanche 30 mars 2014. Il est 10 heures. Le premier conseil municipal du mandat est sur le point de débuter dans une ambiance électrique. Des dizaines et des dizaines de sympathisants frontistes venus de toute la région ont investi les salons d'honneur, au premier étage de l'hôtel de ville d'Hénin-Beaumont. L'atmosphère se veut solennelle, mais les supporters du nouveau maire ont la revanche joyeuse. Ils s'embrassent, se congratulent… C'est un peu leur 10 mai 1981 à eux. Comment leur en tenir rigueur ? Cette victoire, ils l'ont tellement attendue et espérée !

Je m'apprête à vivre un grand moment de solitude. Un choc thermique entre notre abattement intérieur et leur joie débordante. Avec mes collègues socialistes, communistes et divers gauche, désormais camarades de galère sur les bancs de l'opposition, nous savons qu'il va falloir encaisser. Absorber le trop-plein de leur liesse. Et rester concentrés pour tenir le cap de ce premier conseil et des suivants. La route s'annonce longue !

Le dimanche précédent, le Front national a remporté les élections municipales dès le premier tour. 50,26 %. 6 006 suffrages. Le nouveau maire s'apprête à être installé dans ses fonctions. Il s'appelle Steeve Briois. Secrétaire général du parti d'extrême droite depuis janvier 2011, il est conseiller municipal à Hénin-Beaumont sans discontinuer depuis 1995. Trois mandats plus tard, c'est la consécration. Il exulte, fier comme un coq.

Marine Le Pen est là. Au premier rang du public. Elle figurait en position non éligible sur la liste de son fidèle lieutenant et n'aurait manqué la fête pour rien au monde. En mode groupie, elle enchaîne les photos et les vidéos sur son téléphone pour immortaliser ces instants, que manifestement elle savoure. « Le moment est venu de nous rassembler au-delà des étiquettes partisanes, de mettre fin aux polémiques aussi stériles qu'inutiles et de n'avoir qu'un seul objectif : le redressement de notre ville. » Le nouvel élu déroule son discours de maire idéal devant une nuée de journalistes venus couvrir le sacre.

Une heure plus tôt, quand des dizaines d'habitants de tous bords se sont présentés à l'hôtel de ville, impatients d'assister à ce bout d'histoire, ils ont trouvé porte close. L'entrée principale, prétendument forcée durant la nuit, a été condamnée par la nouvelle municipalité.

Une brigade de CRS se déploie pour faire reculer la foule de mécontents. Les habitants s'insurgent d'être ainsi tenus à l'écart : « L'hôtel de ville est la maison des habitants d'Hénin-Beaumont quand même ! – On paie nos impôts comme tout le monde, ils doivent nous laisser entrer ! » Certains commencent à crier au complot, au coup monté.

Pendant que la tension monte sur le parvis de la mairie, la nouvelle équipe municipale fait entrer ses supporters par une porte latérale. Les premiers rangs du public doivent être remplis d'amis pour l'intronisation de « Steeve », « l'enfant du pays ». C'est la cohue, une bousculade digne du lever de rideau métallique de l'Auchan voisin un jour d'ouverture des soldes.

Le tri se fait sans ménagement. Claire Boutillier, candidate sur la liste « Hénin-Beaumont passion » du MRC (Mouvement républicain et citoyen), se voit durement refuser l'accès : « Une représentante de la police nationale m'a repoussée en disant que je ne pouvais pas entrer. Je lui ai donc demandé ce qui pouvait motiver son refus mais elle ne m'a pas répondu. Après avoir pris ma pièce d'identité, elle m'a fait signe de me retourner contre le mur et elle a procédé à une fouille au corps, et ce, devant plusieurs dizaines de personnes. Je me suis sentie humiliée ! Une militante socialiste est venue à mon secours, outrée. Le commissaire m'a remis ma carte d'identité et m'a annoncé que je ne pouvais pas entrer pour assister au conseil municipal, toujours sans aucune explication. » Celles-ci ne viendront d'ailleurs jamais.

Ambroise Lesage, jeune écolo en jean et chemise blanche, est repoussé, les mains retenues dans le dos, par un policier. « Alors que je faisais la queue, plusieurs CRS sont venus me chercher dans la file, m'ont attrapé et m'ont parqué dans la zone des "opposants", un petit endroit de la place, où nos mouvements étaient surveillés et limités. C'est pas comme si on allait lancer une émeute à douze ! » La rumeur du filtrage se propage rapidement par textos, de part et d'autre du cordon de CRS. On parle de policiers en civil. D'une société de sécurité privée. De cartes du parti qui feraient office de sésame pour pénétrer dans le bâtiment public. La confusion règne. Voir les copains parqués comme des animaux me choque. C'est d'autant plus inconcevable que Steeve Briois claironne depuis une semaine qu'il sera le maire de tous les habitants. Pourquoi leur confisque-t-il cette journée ? Pense-t-il vraiment que nos colistiers auraient perturbé la séance ? Sûrement voulait-il pour cette première séance un entre-soi confortable, comme s'il s'était agi d'une fête privée…

Au premier étage de l'hôtel de ville, à l'entrée de la salle du conseil, c'est le service d'ordre du FN qui semble filtrer les spectateurs. Jean-Marc Legrand, tête de liste UMP, n'a tout de même rien d'un hooligan, il finit par franchir le cordon de CRS mais arrivé au premier étage de la mairie, il doit se résoudre à stationner dans le couloir bondé : la salle du conseil est déjà pleine. Un service d'ordre privé est mobilisé : les « opposants politiques » ne sont pas les bienvenus à l'intérieur. Marie-Françoise Gonzalez, militante du Parti de gauche, se trouve dans le même couloir quand elle croise Steeve

Briois et Bruno Bilde. Elle ne peut s'empêcher de crier « résistance » sur leur passage. Elle se souvient : « Bilde a râlé, exaspéré : “Ah non, pas elle.” Là, deux mecs que je ne connaissais pas m'ont attrapée *manu militari*. J'ai essayé de me débattre mais je n'étais pas assez forte. Ils m'ont littéralement jetée dans l'ascenseur direction le rez-de-chaussée. La scène a été assez violente, tu peux demander, il y avait des témoins ! » Deux ans plus tard, les témoins en question sont toujours médusés. Un employé municipal qui passait par là se rappelle : « Mme Gonzalez, elle s'est carrément fait enlever, kidnapper. Et c'était pas des policiers ni des gens de chez nous. Personne ne connaissait ces types. On était scotchés. » Yvelise Dufresnes, ancienne conseillère municipale, se souvient également s'être vu refuser l'accès à l'hôtel de ville plus tôt dans la matinée par Bruno Bilde. « Il a fait opposition avec son corps en nous menaçant : “Avant vous entriez comme ça, mais maintenant c'est fini.” On est quand même parvenus à passer mais au premier étage, c'était bondé. On a vu Marie-Françoise Gonzalez se faire jeter dans l'ascenseur, on n'a pas osé intervenir, on ne savait pas vraiment quoi faire. »

Dans la salle, la séance débute dans une ambiance survoltée. C'est mon premier conseil municipal en tant qu'élue. J'étais présente en deuxième position sur la liste « Agissons unis pour Hénin-Beaumont » d'Eugène Binaisse, principal de collège à la retraite, devenu maire divers gauche de la ville après le retrait de son prédécesseur pour raison de santé.

À Hénin-Beaumont, l'histoire aime être ironique. Élus d'opposition au Front national, nous avons le privilège incongru de partager cette fonction avec… Gérard Dalongeville, ancien maire PS de la ville, condamné en 2013 pour détournements de fonds et profitant d'une suspension de son inéligibilité après avoir fait appel de la décision. La situation est la fois cocasse et dérangeante. Pour l'heure, il s'est bien gardé d'assister à cette séance inaugurale, sans donner d'explication.

Le nouvel édile, lui, dévide son discours d'investiture. Autant de cynisme et de mépris sont difficiles à supporter : « Je demande aux élus d'agir, tout au long de leur mandat, sous le signe de la responsabilité. Il n'y a de place dans cette assemblée ni pour la lutte des ego ni pour le pugilat qui ont, par le passé, tant déshonoré l'image de notre ville. » Steeve Briois conclut son allocution en s'engageant à respecter l'opposition municipale, lui qui, après avoir occupé notre place de 1995 à 2014, affirme, la mine faussement affectée, avoir beaucoup souffert.

Par respect pour le mandat que nous ont donné nos 3829 électeurs – 32,04 % des voix – nous nous abstenons. Par respect du suffrage universel, nous ne présentons pas de candidat contre lui. Le président de notre groupe d'opposition, Eugène Binaisse, prend la parole pour expliquer qu'il est plus compliqué d'être aux manettes que dans le camp adverse. Marine Le Pen, donnant le ton du mandat qui se dessine, le singe, provoquant l'hilarité de ses voisins. Elle se moque avec méchanceté de ses mains tremblantes.

Ensuite c'est moi qui dois intervenir. L'atmosphère est lourde, intimidante, mais je suis concentrée sur l'enjeu. J'ai le choix entre me jeter à l'eau, au risque de subir mépris et agressivité, et rester au bord du bassin, au risque de ne plus jamais oser plonger et de passer le reste du mandat tétanisée à l'idée de les affronter. Du banc de l'opposition, je croise le regard mortifié de quelques colistiers qui ont réussi à dénicher une place dans l'assistance. Un couple, qui a été très actif durant la campagne, confie plus tard : « On essayait de rigoler et de tourner tout cela en dérision mais on était au bord des larmes. » Leur abattement est douloureux, mais leur présence me rassérène.

Je me lance : « Nous ne croyons pas que vous arriverez à faire d'Hénin-Beaumont un Disneyland Front national. » Je sens une vague d'hostilité qui s'élève dans la salle. L'animosité est palpable. Qu'importe, je continue : « Sachez en tout cas que nous comptons bien être présents à notre poste pendant les six ans qui viennent. Vigilants, exigeants, mais toujours constructifs. Et surtout très attentifs à ceux qui seront en première ligne de vos politiques publiques. Artistes, associatifs, employés municipaux, demandeurs de logement social, etc. Nous ne vous laisserons pas en faire les boucs émissaires de votre mandat. » Ça, c'est fait !

Des collègues assis derrière Marine Le Pen remarquent qu'elle grogne littéralement pendant toute mon intervention. Un râle étrange qui ne parvient pas à me perturber. J'affirme que nous prenons acte des résultats de l'élection – même si Steeve Briois, lorsqu'il était dans l'opposition, n'a jamais daigné appeler Eugène Binaisse « monsieur le maire ».

Au moment où Steeve Briois ceint l'écharpe tricolore, l'assistance entonne une *Marseillaise* que je n'ai pas entendu résonner avec autant de ferveur depuis la victoire des Bleus, en 1998. Le même air. Les mêmes paroles. Mais l'intention est tout autre ! Pour les militants FN qui composent le chœur, c'est la routine, l'émotion en plus. Pour nous, c'est la découverte d'un monde qui nous est étranger. Un monde dans lequel *La Marseillaise* est patriote version bleu marine. Un monde dans lequel on la chante comme on brandirait sa carte du FN. Un monde dans lequel on s'époumone comme on hurlerait son programme nationaliste.

On a l'impression désagréable d'être des voyeurs à une fête à laquelle on aurait été invités par méprise. Témoins invisibles, on assiste à leur moment de gloire, en silence. Steeve Briois appelle un à un ses neuf adjoints pour les parer de leur nouvelle écharpe, sous des salves d'applaudissements. Les adjoints sont nommés : Bruno Bilde, directeur de campagne de Steeve Briois, à la communication, Christopher Szczurek à la culture. Le public déchaîné scande le prénom des élus. L'ambiance est chaude comme une baraque à frites. « Chris-to-pher ! Chris-to-pher ! » « Au-ré-lia ! Au-ré-lia ! » Les noms de famille sont superflus. Après tout, ils sont presque en famille.

2

La semaine qui suit la victoire de Steeve Briois – entre le soir du premier tour et le conseil municipal d'installation – s'écoule dans une sorte de flottement et de gueule de bois généralisés. La ville est groggy. Le temps est comme suspendu : il faut que les uns et les autres reprennent leurs esprits et que les élus s'adaptent à leur nouvelle condition – majoritaire pour les uns, de l'opposition pour les autres.

La victoire du Front national n'est en somme pas si surprenante mais personne ne s'attendait à ce que la ville tombe si vite, sans même un deuxième tour, sans un dernier soubresaut de résistance, elle qui a su repousser cette menace inexorable depuis si longtemps.

Parmi la population, il y a celles et ceux qui triomphent. C'est le grand soir. Le fruit d'années de combat dans l'opposition. Le début du renouveau d'Hénin-Beaumont ! À l'inverse, beaucoup d'acteurs locaux ont le trouillomètre qui s'affole. Depuis des années, tant de rumeurs ont circulé sur ce qu'il adviendrait des employés municipaux, des associations et des citoyens d'origine étrangère s'« ils » gagnaient, que, forcément, l'arrivée du Front national au pouvoir en terrorise certains.

Les verrous sautent ! En arrivant au travail le lundi matin, une employée municipale encore galvanisée par le triomphe du dimanche glisse à l'un de ses collègues issu de la diversité : « Tu es sur la liste de Schindler, tu vas bientôt prendre le train. » La remarque n'a aucun sens historique – ceux qui étaient inscrits sur la liste de Schindler étaient au contraire sauvés – mais le ton est donné. Un midi, alors qu'un groupe de cadres municipaux part déjeuner à pied, un agent réjoui, qui travaille sous l'autorité de l'un d'eux, baisse sa vitre en les dépassant en voiture et leur crie : « Alors, vous êtes encore là, vous ? »

L'atmosphère est assez surréaliste. Mais la vie quotidienne reprend peu à peu son cours. « Après tout, y a pas de raison que ça soit pire avec lui qu'avec les autres », dit-on en ville. « Tout est allé très vite », se souvient Mathieu Dujardin, ancien cadre municipal, qui quitte l'hôtel de ville peu de temps après l'arrivée de l'extrême droite. « Le directeur de la médiathèque me parlait toujours d'une nouvelle qui s'appelle *Matin brun* et raconte la mise en place d'un régime totalitaire. Mais quand ça bascule, ce n'est pas comme cela que ça se passe. La ville, les livres ne changent pas de couleur. Il n'y a pas de matin brun. Les gens s'habituent. La vie continue. C'est ça qui fait peur. »

Steeve Briois, conscient de l'énorme poids qu'il a sur les épaules, tente de calmer le jeu. Pendant cette première semaine, il multiplie les interviews visant à rassurer les uns tout en avertissant les autres. Le 25 mars, dans *La Voix du Nord*, il prévient: « Je tends la main mais si certains ne veulent pas travailler avec l'équipe municipale, ce sera leur problème. » La mise en garde a le mérite d'être claire.

Au Chanzy, PMU de la place de la République, où nous retrouvons une colistière socialiste le lendemain des résultats, chacun y va de sa petite analyse. Certains dissimulent mal leur satisfaction. D'autres s'en cognent: « De toute manière, qu'est ce que ça va me changer, moi, je m'en fous de la politique. » Des traumatisés ne sont pas encore bien remis: « Ça me fait bien chier. Là j'suis v'nu à pieds. Bah d'me dire qu'y en a un sur deux que j'croise qu'a voté pour ces racistes, ça me SIDÈRE. » Et il y a aussi ceux qui relativisent: « N'importe quoi, il y a déjà 35 % des gens qui ont pas voté du tout, alors tu vois, ils sont même pas soutenus par la moitié de la ville. Hein Marine! Dis-lui que le FN, ils ont pas la majorité. Ils ont fait que 6006 voix sur 19000 inscrits, regarde, c'est là, dans *La Voix du Nord.* » Et moi, désolée mais réaliste: « Ouais, c'est vrai. Mais je vous signale qu'on a fait encore moins. Ils ont gagné et il va falloir faire avec. »

J'en suis à peu près là lorsque je reçois un coup de fil inattendu de SOS Racisme. Ils sont quelques dizaines à bord d'un bus, avec des membres de l'Union des étudiants juifs de France, et me préviennent qu'ils arrivent « d'ici deux heures », « sensibiliser la ville au racisme ». Je ne suis pas certaine de comprendre. J'explique que cela n'a pas vraiment de sens, que ça risque même d'apparaître très décalé.

– Non, non, ne t'inquiète pas, c'est notre campagne d'entre deux tours, on fait la tournée des villes qui peuvent tomber FN pour alerter les gens.

– OK, mais il ne vous aura pas échappé qu'ici, il est un peu tard.

– De toute façon on est déjà sur la route, on arrive !

Leur gros bus de tourisme se gare. Une troupe militante black-blanc-beur en descend. Des badauds observent le manège, perplexes. Les étudiants, qui expliquent être là pour « rediaboliser le FN », s'amassent devant l'hôtel de ville et déploient une banderole en scandant : « Première, deuxième, troisième génération, nous sommes tous des enfants d'im-mi-grés ! » Le tableau me rappelle les manifestations qui ont suivi le 21 avril 2002. Sauf que nous ne sommes plus en 2002 et que les slogans ont quelque chose d'obsolète.

L'intention est bonne. La démarche, audacieuse. Mais a-t-elle vraiment du sens dans une ville qui est aux mains du FN depuis vingt-quatre heures ? Un supporter du Front changera-t-il d'avis parce qu'un bus de militants antiracistes parisiens vient lui expliquer que son choix dans l'isoloir était le mauvais ? Les médias nationaux, qui ont décidé de camper devant l'hôtel de ville durant quasiment soixante-douze heures, ne manquent pas d'immortaliser la scène et de relever son côté baroque. Avant de repartir, ils ne peuvent s'empêcher de coller quelques affiches « pas de fachos dans nos quartiers » sur les murs de la ville. Le message est très anachronique. Personne ne s'y reconnaît vraiment.

Les larmes ont coulé le dimanche soir. Je me rappelle parfaitement ces instants en suspension. Ces longues minutes d'attente pendant le dépouillement, avec les copains dispersés dans les dix-huit bureaux de vote. Les prières des premiers instants, où l'on veut croire que la ville n'est pas encore perdue, qu'un sursaut a peut-être eu lieu. Puis ce retour à la réalité, où l'on révise nos ambitions et où l'on en arrive à simplement souhaiter qu'il y ait un deuxième tour. Je participe à la fin du dépouillement au gymnase Pantigny, lorsqu'un copain écolo présent dans le bureau de vote centralisateur – où il suit la compilation des résultats en direct – m'appelle : « Marine, c'est fini. » Je glisse la mauvaise nouvelle à l'oreille d'une colistière qui garde, incrédule, les yeux rivés sur la table où s'amoncellent les bulletins bleu marine, en lui conseillant de ne pas montrer sa déception : « Ne leur faisons pas ce cadeau supplémentaire. »

C'est fini. C'est fini, et en même temps ça ne fait que commencer. C'est douloureux, et ça le restera durant six ans. La bataille est terminée, indéniablement perdue, mais il ne faut pas rendre les armes. Il faut se remettre rapidement d'aplomb et poursuivre la guerre. Je sais déjà que les prochains combats se joueront sur un terrain encore plus défavorable.

J'arrive à la salle des fêtes en même temps que l'enveloppe officialisant les résultats manquants. Je peine à me frayer un chemin jusqu'à l'avant de la scène, où attendent nos colistiers ; ils me tombent dans les bras les uns après les autres, la plupart en pleurs. Le résultat définitif est annoncé : nous avons manqué un deuxième tour de trente-cinq voix. Je tente de les réconforter. Nous improvisons à l'arrière de la scène une conférence de presse pour reconnaître notre défaite.

Je me tiens aux à côté d'Eugène Binaisse, le maire sortant, et tête de la liste où je figurais en seconde position. En plus d'être élus conseillers municipaux d'opposition avec les quatre collègues suivants de la liste, nous venons, lui et moi, d'être élus pour représenter la ville, avec neuf frontistes, à la communauté d'agglomération d'Hénin-Carvin. Il a soixante-quatorze ans, j'en ai vingt-huit. Nous avons des tempéraments radicalement différents mais nous entendons bien. Il me demande souvent de parler moins vite. Je lui suggère d'être plus enjoué. Nous avons passé beaucoup de temps et de bons moments ensemble, pendant la campagne. Mais ce soir personne n'a le cœur à rire.

Eugène sent que les choses risquent d'être particulièrement désagréables pour lui. Depuis qu'il est devenu maire, le 25 mai 2010 suite à l'AVC de son prédécesseur Daniel Duquenne, le FN le prend continuellement pour cible. Dès le soir de sa désignation par le conseil municipal, ils avaient chahuté, puis boycotté la séance, quittant la salle avec fracas et ricanements, suivis de leurs troupes massées dans le public pour décupler l'effet de scène. Avant de partir, Marine Le Pen avait été cinglante : « Votre place, monsieur, est à la maison de retraite ! » On lui reproche son manque d'instinct politique, sa légendaire maladresse, mais c'est un homme honnête et intègre, qui a pris la ville à bras-le-corps au moment le plus difficile, sans l'avoir choisi. Aujourd'hui, en tant qu'élu d'opposition, il peut s'attendre au pire de la part de ceux qui l'ont accusé de tous les maux durant les quatre années où il a œuvré inlassablement au difficile redressement de la ville.

La vie politique ici ne laisse pas indemne. Elle abîme, salit, affecte. Ceux qui avaient des responsabilités dans l'équipe municipale précédente vivent ce bouleversement comme un deuil. Il y a quelque chose de très violent, un lourd sentiment d'injustice, dont la plupart ne se sont d'ailleurs toujours pas remis.

« Notre travail n'a pas été considéré du tout. J'admets que certains ne soient pas d'accord avec nous mais je n'admets pas qu'on nous traite de nuls, d'incapables, alors qu'on a repris comme on pouvait une situation réellement apocalyptique : ils auraient pu respecter au moins ce qui avait été fait », dit la Beaumontoise Rose-Marie Slaviero, qui s'occupait des affaires scolaires. Marie-Christine Delahaye, qui était elle aussi adjointe, enrage : « Le pire, c'est tous ceux qui ont retourné leur capote au lendemain de l'élection. Les gens sont pour la personne en place. Demain ils aimeront le prochain ! »

N'ayant pas pris part à la gestion de la précédente municipalité, il est sans doute plus simple pour moi d'être résiliente dans la séquence. Il n'empêche que les premiers jours du mandat s'égrainent dans un climat très étrange. Il y a ces réunions téléphoniques avec la direction d'Europe Écologie-Les Verts, où l'on discute des négociations d'entre-deux tours en cours dans toute la France et que je suis attentivement même si ici nous sommes déjà échec et mat. Et il y a les copains de Grenoble, vers lesquels tous nos espoirs sont tournés, qui prennent le temps de m'envoyer un petit mot sympa – la tête de liste écolo Éric Piolle finira par remporter la ville.

Et puis il y a la préparation mentale, en apesanteur, avant le conseil municipal d'installation. Le combat de la campagne a été extrêmement violent. Il faut reprendre sa respiration. Assimiler ce qui s'est passé. Digérer la défaite. Et se préparer au mandat à venir, dont nous avons déjà des raisons de penser qu'il ne sera pas une promenade de santé pour l'opposition municipale.

Déjà les dilemmes se présentent : souhaiter la réussite politique du FN ou pas ? Je me souviens de mes cours de psychologie sociale et me rends compte que je me trouve dans un cas typique de dissonance cognitive – c'est-à-dire un moment de tension désagréable, de tiraillement entre des opinions incompatibles entre elles. En l'occurrence, je me dis que cette ville a déjà beaucoup souffert et que je ne peux que souhaiter son redressement… et par ricochet le succès du Front national.

3

Il fut un temps où lorsqu'on était en vacances et qu'on nous demandait d'où on venait, on expliquait maladroitement « à côté de Lens » parce qu'on savait qu'« Hénin-Beaumont » n'aurait pas éclairé grand monde. L'été, ça donnait lieu à des échanges cocasses :

– Tu viens d'où ?

– Du Pas-de-Calais

– Ah ! t'es chti. Mais ça s'appelle comment ta ville ?

– Cherche pas, tu connais pas : Hénin-Beaumont.

– Ah ! mais si j'connais, c'est la ville de Kamini, non ?

– Non, ça, c'est Marly-Gomont, c'est en Picardie.

– Ah oui ! j'suis con.

Mais ça, c'était avant. L'affaire Dalongeville a fait connaître notre ville de 27 000 habitants, située à dix kilomètres de Lens, au-delà des frontières du Nord-Pas-de-Calais. La presse a révélé que l'ancien maire PS était accusé de détournement de fonds. Le nom de notre ville est passé au 20 heures, il est devenu familier.

Puis Marine Le Pen en a fait son fief. Le point de départ d'une stratégie électorale gagnante, qui a rendu la ville célèbre dans tout l'Hexagone. On a commencé à savoir nous placer sur une carte. Ensuite, à chaque élection, tout le pays scrutait nos résultats. Ici à Hénin, ça ne laissait personne indifférent. Certains étaient fiers : « Ils doivent faire la gueule, quand même les, Lensois : maintenant c'est eux qui doivent préciser en vacances qu'ils habitent à côté d'Hénin-Beaumont. » Pour d'autres, c'était « la honte, franchement, en vacances, je me planque, je dis que je viens du Nord, mais je ne dis pas d'où, faut pas déconner, y a pas moyen que les gens croient que je suis facho ».

En fait, notre ville était devenue la vitrine du FN bien avant sa victoire de 2014. Ça donnait même des conversations cocasses :

– Je viens d'Hénin-Beaumont, tu dois pas connaître.

– Ah ! mais si, c'est là où Marine Le Pen est maire.

– Euh… non, elle n'est pas maire. Elle n'habite même pas là. Enfin, pas vraiment. Elle a une adresse pour être sur les listes électorales, mais elle vient quatre fois par an grand maximum.

– Ouais, mais le maire il est FN, quoi !

– Non, non, il est divers gauche.

– Ah bon, il est pas en prison, lui ?

– Dalongeville, si, mais là, c'est un autre.

– Il s'appelle comment ?

– Cherche pas il est pas connu.

– Ah bah… c'est pour ça que j'croyais qu'c'était Marine le Pen.

Raconté comme ça, ça paraît peut-être invraisemblable. Pourtant, les habitants de la ville sont nombreux à avoir vécus ce genre de discussion. Preuve que ce type de méprise est loin d'être isolé et ne concerne pas que les causeries d'été au camping, Haydée Sabéran rapporte dans son livre, *Bienvenue à Hénin-Beaumont*, que des journalistes d'un hebdomadaire national sont eux-mêmes tombés dans le panneau, écrivant dans un article de 2011 à propos de la patronne du Front national : « La maire d'Hénin-Beaumont s'en est pris au mondialisme. » Toujours d'après Haydée Sabéran, des courriers destinés aux Le Pen père et fille arrivent régulièrement à l'hôtel de ville d'Hénin-Beaumont, postés de la France entière, et ce, depuis des années. C'est sûr qu'à force de lire partout que notre ville est le fief du Front national, certains ont pris la formule au pied de la lettre !

Pourtant, cette ville n'était pas franchement prédestinée à tomber entre les mains du parti d'extrême droite. Hénin a pendant des siècles été une terre hospitalière. Les Houillères et les industries ont attiré dans la région des dizaines de milliers de travailleurs étrangers en quête d'un meilleur niveau de vie ou fuyant leur pays d'origine. Les Belges, dès le XVIIIe siècle, ont participé à la mise en exploitation des mines. Au début du XXe siècle, ce sont les Kabyles et les Polonais – plus de 90 000 – qui viennent y travailler, rejoints par des

Italiens pendant les années 1920 et 1930. Les hommes arrivent seuls d'abord, puis accompagnés de leur famille. Suivent des Espagnols, des Portugais, des Algériens, et enfin des Marocains – près de 80 000 –, appelés dans les années 1960 pour occuper des emplois précaires de courte durée au moment de la fermeture des mines. Les puits absorbent une main-d'œuvre très hétéroclite. Albanais, Chinois, Grecs, Hongrois, Iraniens, Suisses, Yougoslaves, Sénégalais, Allemands, etc. : au total vingt-neuf nationalités se côtoient au fond des fosses jusqu'à leur fermeture, dans les années 1980. Certains rentrent alors dans leurs pays d'origine, mais beaucoup restent, imprégnant la région de cultures multiples.

Dans le huis clos des corons, on vit côte à côte, sous l'emprise des Houillères, mais toujours prêts à se lever contre elles. Anciens et nouveaux habitants n'hésitent pas à mener la lutte ensemble, quand il le faut. Les mineurs se mettent en grève pour manifester leur mécontentement. Y compris pour dire non à l'occupant allemand, comme ce fut le cas lors de la remarquable grève générale de 1941. Partie du puits du Dahomey, à quelques centaines de mètres d'Hénin, le 27 mai, la mobilisation se généralise à tout le bassin minier en cinq jours. En cause : les conditions de vie et de travail désastreuses imposées par l'occupant. Environ 100 000 mineurs sur 143 000 sont en grève les 4, 5 et 6 juin. Les femmes, emmenées par Émilienne Mopty, qui deviendra une célèbre résistante, forment des rassemblements, barrent l'entrée des fosses, manifestent devant les bureaux des compagnies, lesquelles ont choisi la collaboration. La répression est violente : les Allemands n'hésitent pas à faire usage de leurs armes, multiplient les arrestations, ferment les cafés et les cinémas, suspendent le paiement des salaires et la distribution des cartes de ravitaillement. Au moment où le travail reprend, le 10 juin 1941, 270 mineurs ont été déportés, d'autres, fusillés ou forcés de passer à la clandestinité. Mais ils ont démontré leur résistance collective et près de 500 000 tonnes de charbon ont été perdues pour la machine de guerre nazie.

D'autres grèves générales suivront après la fin de la guerre, en 1947, 1948, 1953, ou encore en 1963, lors de la grande grève faisant suite à l'annonce du plan Jeanneney qui instaurait un programme de récession charbonnière. Malgré les mouvements de protestation, les mines finissent bel et bien par fermer, vingt ans après leur nationalisation. Des 220 000 mineurs que compte le Nord-Pas-de-Calais après la deuxième guerre mondiale, il n'en reste que 20 000 en 1976 et aucun en 1990. Le dernier des sept puits d'Hénin-Liétard – la ville s'appelait ainsi jusqu'à sa fusion en 1971 avec le village de Beaumont-en-Artois – ferme en 1970. L'État a lancé un plan de reconversion pour que les mineurs retrouvent du travail dans les usines automobiles ou agroalimentaires, mais beaucoup restent sur le carreau. La ville, comme ses voisines, ne s'est jamais vraiment remise de la fermeture des Houillères. Au troisième trimestre 2016, le taux de chômage dans le bassin d'emploi

Lens-Lévins-Hénin-Carvin était de 17,9 %... contre 10,4 % nationalement en moyenne.

Dès le début des années 1990, le Front national flaire la catastrophe sociale mais très vite la résistance s'organise pour lui barrer la route. Ceux qui ont de la mémoire militante ont en tête le déplacement folklorique de Bruno Mégret à Hénin-Beaumont en 1993, à l'époque où il n'avait pas encore quitté le FN pour fonder le Mouvement national républicain (MNR). *La Voix du Nord* annonce la veille que le frontiste viendra rencontrer les commerçants à Hénin-Beaumont. Un rassemblement de protestation est organisé en urgence : « On était un petit deux cents », se rappelle Marie-Françoise Gonzalez, aujourd'hui militante du Parti de gauche, qui à l'époque était de tous les rassemblements antifascistes. Face à cet attroupement, Bruno Mégret renonce à aller au Trocadéro, le bar en face du commissariat, comme cela était initialement prévu : « Ils se sont barrés comme des voleurs pour se replier au Novotel sur la zone commerciale, où Mégret créchait », raconte-t-elle. Mais c'est sans compter sur la détermination des Héninois : le maire de l'époque, le socialiste Pierre Darchicourt, réquisitionne un bus qui passait par là et la plupart des manifestants s'engouffrent dedans tandis que d'autres prennent leur voiture. Devant l'hôtel, ça dégénère entre des manifestants échauffés et le service d'ordre dépassé. Une voiture passe, avec Mégret à l'intérieur. Des œufs sont lancés, l'un d'eux atterrit sur un garde du corps qui perd son sang-froid. Ça réplique à la lacrymo. « Tout le monde s'est mis à courir», se rappelle Pierre-François Hapiot, militant associatif local, «Certains se sont réfugiés dans l'hôtel, moi je suis tombé et je me suis retrouvé par terre. Le mec qui s'était pris l'œuf est arrivé sur moi, a mis en évidence son arme pour que je la voie bien. Un autre mec du service d'ordre a dû le calmer en lui disant "tu ranges ça tout de suite".» Les militants s'en souviendront. Bruno Mégret aussi!

À cette époque, où tout le Pas-de-Calais vient de tirer un trait douloureux sur le charbon – le 20 décembre 1990, la France vit en direct l'ultime remontée des mineurs de la fosse 9/9 bis à Oignies, à côté d'Hénin-Beaumont, l'ancrage socialiste et communiste de tout le territoire paraît encore inébranlable. Économiquement, par contre, c'est la débâcle. Les aides financières allouées pour la conversion du bassin minier n'ont pas empêché plusieurs sinistres. Des investisseurs ont même exploité le dispositif avant de s'évaporer une fois les subsides empochés. Le fabricant américain de valises Samsonite en a par exemple profité en 1984 pour s'implanter à Hénin-Beaumont... Mais au début des années 2000, près de deux cents emplois sont supprimés sans plan social avant la revente du site français à Energiplast, un repreneur en carton, censé lancer une production de panneaux solaires qui ne verra jamais le jour, laissant tout le monde sur le carreau. Cinq mois de piquet de grève et une usine occupée jour et nuit ne suffisent pas à empêcher la liquidation de l'activité. Steeve Briois se pointe pour ouvrir la voie à une possible visite de

Marine Le Pen, en campagne présidentielle. Brigitte Petit, ancienne salariée qui a repris le flambeau après le décès brutal de Renée, leader des Samsonite, se souvient : « Briois a voulu rentrer mais on lui a interdit l'accès. À l'époque, on gardait la grille fermée pour contrôler qui on laissait rentrer. Parmi les dix personnes du bureau de l'association, la décision a été unanime. Aujourd'hui, ça ne se passerait plus comme ça. » Les employés bernés n'ont toutefois pas l'intention de se laisser faire. Ils attaquent victorieusement la décision aux prud'hommes. Puis, en 2012, ils traversent l'Atlantique afin de poursuivre devant la justice américaine le fonds d'investissement Bain Capital, principal actionnaire de Samsonite lors de la cession, qui se targuait d'avoir réalisé une belle opération financière au prix de centaines d'emplois à Hénin-Beaumont. Nous sommes en pleine campagne présidentielle et Mitt Romney, le candidat républicain, n'est autre que le créateur de ce fonds. Lors de son premier débat télévisé, il annonce vouloir « remettre l'Amérique au travail ». À l'époque, Lucien Gayard, ex-Samsonite, s'indigne lors d'un entretien avec un journaliste de Radio France : « On ne peut le laisser devenir président sans rien faire. Il est responsable de tout ça. Si la classe ouvrière américaine voit tout ça, notre détermination, il y aura forcément un impact. » Les anciens salariés, dont beaucoup ne parlent pas l'anglais et n'ont jamais pris l'avion, ont décidé avec ce périple américain d'offrir au candidat une petite démonstration de ce qu'il en coûte de s'en prendre à la fierté du bassin minier. En septembre 2016, la rage toujours intacte, les anciennes ouvrières ont même sublimé le traumatisme en portant leur lutte sur les planches. Brigitte Petit insiste : « Dix ans après, on reste dans un état d'esprit combatif. On veut que la fraude soit reconnue. Plein de jeunes, de scolaires, viennent à nos représentations. Ils sortent contents et étonnés de voir qu'on a été jusqu'en Amérique pour se défendre. Malgré les nouvelles lois, on peut encore se battre, il ne faut pas hésiter sinon tout ce que nos grands-parents ont construit disparaîtra. C'est aussi pour nos enfants et petits enfants qu'on lutte. »

Ici, dans le bassin minier, la lutte et la résistance sont inscrits dans les gènes des salariés. À Metaleurop, ils l'ont aussi prouvé quelques années plus tôt en tentant de sauver la fonderie de Noyelles-Godault, ville limitrophe d'Hénin, qui fabriquait des métaux non ferreux – du plomb et du zinc principalement – depuis 1894. Le 16 janvier 2003, les salariés apprennent par un fax laconique que la maison mère, basée en Suisse, Metaleurop, a décidé de couper les vivres à son unité française, rendue juridiquement indépendante quelques années plus tôt. « Le ciel nous est tombé sur la tête », se rappelle Bernadette Szlapka, alors acheteuse pour l'entreprise et aujourd'hui présidente de l'association Aced Metallia, composée d'anciens fondeurs qui perpétuent localement la mémoire de la métallurgie. Le principal actionnaire, le très rentable courtier en métal précieux Glen Core, enregistre alors de mauvais résultats pour les métaux non ferreux et entreprend de fermer la fonderie sans verser d'indemnités de licenciement ni dépolluer le site occupé depuis plus d'un siècle. À l'époque, ce type de pratique n'est pas encore monnaie courante et le président Jacques Chirac, qui ne sort pas de sa réserve tous les quatre matins, qualifie les dirigeants de « patrons voyous ». L'expression est restée mais pas l'usine. L'occupation de celle-ci commence le jour de l'annonce et dure jusqu'au 23 mars, malgré une fermeture qui apparaît rapidement inéluctable.

En janvier 2003, Steeve Briois se présente à l'usine occupée, accompagné de Bruno Bilde, mais ils sont vertement reçus par les grévistes, qui leur intiment de quitter les lieux. La scène, devenue culte, a été filmée par Edouard Mills-Affif pour son documentaire *Au pays des gueules noires*. Après une marche silencieuse partie de la mairie de Noyelles-Godault, on y voit Gérard Hélin, de la CGT, barrer la route à Steeve Briois et Bruno Bilde à l'entrée des bâtiments de l'usine.

Gérard Hélin. – Je vous demande de sortir de notre usine, on est bien d'accord ? Je vous le demande gentiment sans hausser le ton.

Bruno Bilde. – C'est une plaisanterie ?

G. H. – Vous ne pouvez pas vous targuer de représenter les salariés avec l'étiquette politique que vous avez !

S. B. – Laquelle ?

B. B. (hors de lui). – C'est un procédé stalinien que vous nous faites là ! Moi je ne sortirai pas monsieur ! Je ne sortirai pas.

G. H. – On va bien voir. Je vous demande de sortir gentiment.

B. B. – C'est scandaleux ! Mais vous représentez qui ?

G. H. – Pas de représentant du Front national dans cette entreprise ! Je vous demande de sortir gentiment, sans quoi je vais devoir demander au personnel de vous faire sortir !

B. B. – Vous représentez le Parti communiste ici ?

G. H. – Je représente la CGT !

B. B. (excédé, tapant avec son index la poitrine du délégué syndical). – Le Parti communiste ! Je n'ai pas de leçon à recevoir du Parti communiste français, cher monsieur !

(Steeve Briois et Bruno Bilde sont poussés vers la sortie par des ouvriers)

S. B. – Vous avez été baisés par la gauche, crevez avec la gauche alors ! Cette minorité qui ne représente rien ! Ces cocus !

Albert Lebleu, ingénieur dans l'entreprise, syndiqué à la CGC et créateur de l'association Chœur de fondeurs, qui accompagne encore aujourd'hui les anciens salariés, se souvient : « On s'est bien battu, même du point de vue de l'emploi. On a remporté des victoires. On a réussi à faire reconnaître la maison mère comme co-employeur. Le licenciement abusif sans cause réelle et sérieuse a été retenu fin 2009, ce qu'a confirmé la Cour de cassation en septembre 2011. L'affaire n'est pas finie. Le feuilleton juridique est extrêmement long. »

Le mépris des patrons voyous a laissé des cicatrices indélébiles chez des travailleurs déboussolés et trahis. Avec les fermetures d'usines, les frontistes ont mis la main sur un terreau fertile, marqué des sillons béants creusés par l'humiliation. Ils distribuent régulièrement des tracts sur les parkings après le travail, glissent des mots d'encouragement. Et se font de moins en moins souvent rembarrer. En novembre 2012, quand Marine Le Pen se pointe à la Chouine, la forge Méca Stamp, également menacée de fermeture, les ouvriers la reçoivent et l'écoutent, en silence, manifester sa hargne devant les caméras de France 3. Eugène Binaisse, alors maire d'Hénin-Beaumont, est également présent mais relégué au second plan.

4

Après quelques années d'un suspense insoutenable, Hénin-Beaumont va finir par tomber aux mains du Front national. Pas vraiment par accident. Pas vraiment par idéologie. Mais surtout à cause des errements impardonnables d'un maire sans scrupule : Gérard Dalongeville.

Cet homme, c'est un peu la créature de Frankenstein du Parti socialiste, lequel administre Hénin-Beaumont sans discontinuer depuis 1953. Le loup a été introduit dans la bergerie en 1992 par Daniel Percheron, ancien président de région socialiste et baron du PS du Pas-de-Calais, qui le recommande chaudement à son collègue Pierre Darchicourt, alors maire d'Hénin-Beaumont. En quelques mois, Dalongeville devient directeur de cabinet et prend rapidement beaucoup, beaucoup de place : il reçoit les gens à la place de l'édile pour résoudre leurs problèmes, double en les envoyant en son nom tous les courriers que M. Darchicourt adresse aux administrés, ainsi que les bouquets de fleurs livrés aux uns et aux autres en diverses occasions, le tout aux frais de la municipalité. Quand le directeur général des services, déjà soupçonneux à son égard, finit par le coincer pour une histoire de vérification de marchés publics, Gérard Dalongeville préfère partir plutôt que d'être viré… et aller ruminer sa vengeance à Liévin dans les jupons d'un autre baron local, le maire Jean-Pierre Kucheida. De cette ville voisine, ils préparent le casse politique du siècle : Gérard Dalongeville, qui a laissé un excellent souvenir aux Héninois, sera candidat contre son ancien employeur, Pierre Darchicourt. Le maire, soutenu, en tout cas dans les apparences, par les officiels socialistes, est battu à plate couture. Jean-Pierre Kucheida est débarrassé de celui qu'il considérait comme le président gênant et arrogant du district Hénin-Carvin. En 2001, Gérard Dalongeville devient maire à trente ans. Le parti socialiste local ne se remettra jamais de ce camouflet : alors qu'il a compté jusqu'à quatre cent cinquante militants, ils ne sont que dix à revenir à la réunion post-élections. La fédération du Pas-de-Calais, le député de la circonscription, Albert Facon, et les instances nationales seront condamnés pour les années à venir à ménager la chèvre et le chou afin de ne pas désavouer les militants restés loyaux au Parti socialiste, tout en mettant le grappin sur un maire devenu indispensable à la vie du district.

Une fois au pouvoir, Gérard Dalongeville, mégalomane et autoritaire, instaure en mairie des pratiques délirantes. Pour s'y maintenir, l'homme sombre dans le clientélisme, multipliant les cadeaux et les services rendus. « Sa spécialité, témoigne un ancien du service des finances, c'était l'envoi de bouquets à tour de bras, achetés en urgence sur ses ordres. Derrière, nous, on devait se débrouiller pour régulariser les chose. » La situation ne cesse d'empirer ; un ancien de la mairie raconte : « Alors qu'on était en grave déficit, il s'est lancé dans une grande vague d'embauches de complaisance. Entre cent et deux cents personnes en tout. Des petits contrats de trois mois renouvelables promis à trois mois des élections municipales de 2008 ! Des gens venaient faire des scandales avec un papier signé de Dalongeville : "Gégé m'a dit que je pouvais venir ici, que je commence aujourd'hui à telle heure." » Un chef de service affirme : « Certains se mettaient même à travailler sans que personne leur demande rien et signaient les papiers après. » Un cadre se souvient : « Il était colérique en réunion de direction, il faisait voler les parapheurs. On en parlait entre nous, on se disait : "Il va se prendre une raclée aux élections avec toutes ces casseroles." »

Même pas ! Gérard Dalongeville est réélu haut la main en mars 2008, avec plus de 43,08 % des voix au premier tour, et 51,94 % au second. Certains employés municipaux applaudissent de manière théâtrale la proclamation des résultats, certains pleurent même d'émotion.

L'incurie redouble. Le maire contracte des emprunts toxiques pour masquer le trou dans la trésorerie. « La pression montait, on se disait "ça va mal finir", tu voyais des choses passer, rajoutées à ton budget sans ton accord », ajoute un ancien qui cite en exemple « une facture à 18 000 euros pour le nettoyage de la moquette de l'Escapade [le centre culturel]. La grosse blague : il n'y a jamais eu de moquette ici ! Rien qu'un pauvre paillasson à l'entrée. Du coup, quand les gens arrivaient chez nous on leur disait : "Fais attention en t'essuyant les pieds, sinon tu paieras la prochaine facture ! Il est cher à l'entretien ce paillasson…" »

La ville est en péril. Les fournisseurs se retirent. La chambre régionale des comptes estime à 12 millions d'euros le déficit de fonctionnement. La population, bernée, voit sa taxe d'habitation augmenter de 85 % sur ordre de la préfecture pour remplir les caisses de la municipalité. Le 1er décembre, la brigade financière débarque carrément en mairie. La chose ne s'ébruite pas tout de suite. Quand le quotidien *Nord Éclair* finit par sortir l'affaire, l'édile fait acheter tous les exemplaires par des employés municipaux pour étouffer le scandale… mais Steeve Briois et Marine Le Pen en distribuent une photocopie sur le marché.

Le 7 avril 2009, un an après sa réélection, le maire est arrêté chez lui à 6 heures du matin. « À la mairie, on l'a appris à la radio. On suivait ce qu'il se passait vissés à nos postes. On est tombés des nues », raconte Lahoucine Essakhi, arrivé peu de temps auparavant à la tête du service communication de la ville. « Dans l'après-midi, il a été ramené menotté dans son bureau par la police judiciaire. Ils ont tout retourné comme dans un cambriolage. Je suis resté avec les journalistes sur les bras, ils nous harcelaient de questions. Mais tout ce qu'on savait, on l'avait lu dans la presse. » Deux jours plus tard, Gérard Dalongeville est placé en détention avec son adjoint aux finances, Claude Chopin, et un certain Guy Mollet, homme d'affaires complice, principal artisan du système de fausses factures. Le maire est finalement révoqué de ses fonctions par décret du président de la République le 28 mai.

Gérard Dalongeville est poursuivi pour dix-huit détournements de fonds publics, onze délits de favoritisme, six usages de faux et une corruption passive. Belle performance… Quatre ans plus tard, en août 2013, il sera condamné en première instance pour détournements de fonds publics – condamnation devenue définitive du fait de désistement d'appel – à quatre ans de prison dont trois fermes, 50 000 euros d'amende et à la privation de droits civiques pendant cinq ans.

Dans notre commune, qui avait vécu le paternalisme des Houillères puis le paternalisme socialiste, on perd ses repères. Déjà, on se sentait impuissants face au monde qui change et qui avance… sans nous. Déjà, le sentiment de déclassement était manifeste. Déjà, on entendait parler de mondialisation à la télé tout en ayant la désagréable sensation qu'elle se faisait à notre détriment. À tout cela s'ajoutent désormais l'humiliation et la perte de confiance dans les formations politiques traditionnelles, à laquelle les successeurs de Gérard Dalongeville auront bien du mal à remédier. C'est le moment que Marine le Pen choisit pour faire main basse sur la ville qu'elle et ses lieutenants rêvent de transformer en laboratoire municipal.

Le divers gauche Daniel Duquenne l'emporte sur le FN, les socialistes et les écologistes lors des municipales partielles organisées à l'été 2009, après avoir combattu pendant des années Gérard Dalongeville au sein de l'appareil socialiste sans grand soutien des caciques. En arrivant en mairie, c'est la douche froide devant l'immensité de la tâche à accomplir : « Tous les jours on découvrait de la poussière sous le tapis. L'explosion des dépenses de fonctionnement. L'impossibilité de recruter pour combler le manque cruel de cadres de catégorie A. Je me suis retrouvé avec une masse colossale de travail. » Daniel Duquenne y laisse sa santé. Élu en juillet, il est victime d'un grave AVC en octobre et finit, après plusieurs mois d'absence, par démissionner en mai 2010. Le conseil municipal élit un nouveau maire, Eugène Binaisse, qui sera confronté aux mêmes difficultés.

Voilà quelques années déjà que la fille de Jean-Marie Le Pen tournoie autour de la commune en plein tourments. Née en 1968 à Neuilly-sur-Seine et ayant grandi à Saint-Cloud, dans les Hauts-de-Seine, Marine Le Pen n'avait aucune affinité avec la région Nord-Pas-de-Calais, dont la culture et le mode de vie sont si éloignés des siens. Carl Lang, leader frontiste dans le Nord-Pas-de-Calais, propose à la jeune avocate de le rejoindre sur sa liste pour les élections régionales de 1992, mais elle refuse, prétextant vouloir se concentrer sur sa carrière et ne pas pouvoir, en conséquence, s'engager en politique. Un an après, lorsqu'on lui offre d'être candidate aux élections législatives dans le coquet 17e arrondissement de Paris, ses réticences se dissipent comme par magie…

Ce n'est que cinq ans plus tard, lors des élections régionales de 1998, qu'elle finit par débarquer dans le bassin minier à la demande du même Carl Lang. Son faible investissement dans la campagne se prolonge une fois qu'elle est élue par une faible présence dans l'hémicycle, puisqu'elle continue durant cette période à travailler au siège du Front national, dont elle dirige le service juridique, et d'habiter à Saint-Cloud dans le cossu domaine familial.

Aux législatives de 2002, elle bat la campagne dans le Pas-de-Calais, qui est touché par le chômage de longue durée, et obtient le bon score de 30 % après sa qualification surprise au deuxième tour. Mais il faut croire que la proie n'est pas encore assez appétissante pour Marine Le Pen, qui, à la surprise générale, abandonne subitement le Nord-Pas-de-Calais pour se faire élire conseillère régionale et députée européenne en Île-de-France en 2003.

En 2007, l'élection présidentielle, où Jean-Marie Le Pen n'a réussi à rassembler que 10 % des suffrages, a marqué un net recul pour le parti après le coup d'éclat de 2002. Il faut relancer la bataille. Au cours d'un dîner parisien en compagnie de notre « enfant du pays », Steeve Briois, et de son acolyte, Bruno Bilde, alors conseiller régional en Lorraine – mais qui multiplie déjà les allers-retours à Hénin-Beaumont pour y retrouver son ami –, la fille Le Pen se laisse convaincre de jeter son dévolu sur notre ville.

La conquête d'Hénin-Beaumont par le Front national est ainsi une histoire d'opportunisme électoral. Marine Le Pen ne regrettera pas ce choix, puisqu'elle obtient plus de 44,5 % des suffrages au second tour des législatives de 2007, score qui assoit son ambition d'y creuser le sillon du FN. Si, sur la Côte d'Azur, son père continue ses tirades contre l'immigration, elle, dans le bassin minier, patine son discours d'un vernis social à destination des plus modestes.

La stratégie d'implantation de Marine Le Pen et de conquête du territoire passe aussi par la mise en avant des personnalités locales. C'est donc en binôme avec Steeve Briois qu'elle va incarner ce nouveau visage du frontisme. Il a adhéré au Front national à seize ans, en même temps que son acolyte et camarade de classe du lycée Darchicourt d'Hénin-Beaumont, Laurent Brice, qui sera longtemps le responsable du Front national du Pas-de-Calais avant de devenir premier adjoint à la mairie d'Hénin-Beaumont. À ce tandem, il faut ajouter l'inénarrable Bruno Bilde, élu conseiller régional du Nord-Pas-de-Calais en 2010 et conseiller spécial de Marine Le

Pen depuis 2012. La garde rapprochée de la désormais présidente du FN lui tient aussi lieu d'antennes sur le terrain héninois qu'elle connaît si mal. Leur mission : prendre les commandes de cette ville – ce qu'ils considèrent n'être qu'une question de temps – et prouver que le FN peut administrer des villes autrement qu'il ne l'a fait à Vitrolles et Marignane. Qu'il peut redresser. Qu'il peut embellir. Qu'il peut faire prospérer. L'ambition est claire : faire d'Hénin-Beaumont le laboratoire de la dédiabolisation du parti.

Pour y parvenir, le parti d'extrême droite s'alimente avec délectation des égarements de Dalongeville, qui lui garantissent une croissance fulgurante. Corruption, petits arrangements entre amis, dépenses excessives : le FN ne laisse rien passer. Les habitants sont encouragés à se dresser contre le système qualifié de « mafia socialiste », et le parti d'extrême droite met sur pied un dispositif inspiré du communisme municipal. La ville est quadrillée par des séances méthodiques de porte-à-porte et de tractage ciblé. Les faits divers (feux de voiture, carreaux cassés…) sont aussi exploités. « Ça va mal, ça ne va pas s'arranger », répètent-ils sans discontinuer. La litanie imprègne les esprits.

Dans le centre-ville désolé d'Hénin-Beaumont, ce discours vient chasser le rude sentiment d'abandon qui a envahi les rues et les commerces. La désertification a commencé après l'ouverture, le 24 mai 1972, du plus grand Auchan d'Europe – certains disent du monde – dans la ville voisine. Le maire de l'époque, Jacques

Piette a lutté contre son implantation sous la pression des commerçants locaux inquiets. Résultat : l'hypermarché a ouvert non pas à Hénin-Beaumont… mais à Noyelles-Godault. Les commerces du centre-ville en ont tout autant pâti, mais c'est une autre municipalité qui profite du jackpot fiscal que rapporte la grande surface à la croissance inéxorable.

Toute la ville a progressivement migré vers Auchan et sa zone commerciale de 150 000 mètres carrés. Les librairies du centre-ville ont toutes succombé : désormais il faut se déplacer jusqu'à Cultura, « sur la zone », ou passer commande sur Amazon. Le cinéma Espace Lumière, rue Élie-Gruyelle, a lui aussi fermé et il faut se rendre en voiture au multiplexe Cinéville. Quelques commerces à la clientèle fidèle continuent de tourner. Pour les autres, les bilans sont critiques. Alors les « anciens », nostalgiques de la période où on venait de Lens et de Douai pour faire ses courses dans notre centre-ville, se lamentent : « Hénin, c'est mort – C'était mieux avant – De toute façon, maintenant il n'y a plus que des assureurs, des pompes funèbres, des opticiens et des kebabs. » Steeve Briois parvient à imposer l'idée qu'il est le seul à pouvoir endiguer ce phénomène inexorable… même si en réalité la fuite vers Auchan n'a pas faibli depuis son arrivée aux manettes.

Le parti d'extrême droite a aussi mené un travail de terrain acharné dans les quartiers meurtris, où le sentiment de relégation était le plus élevé, comme à Darcy ou Beaumont. Sur ces deux territoires, il se nourrit de la frustration et du sentiment d'humiliation de la population, qu'il cultive insidieusement. La cité Darcy, maladroitement construite, au milieu du XIXe siècle, époque de l'essor des compagnies minières, au sud de ce qui était l'implantation médiévale d'Hénin, est séparée du reste de la ville par une voie ferrée. Au début du XXe siècle, ce quartier accueillait les mineurs qui y vivaient, soumis aux Houillères et à l'Église. Pour accéder au centre-ville, il faut franchir « la barrière », le passage à niveau, qui était souvent fermé à cause du transport continuel de charbon. Encore aujourd'hui, quand on part de Darcy pour aller dans le centre, on dit aller « à Hénin » comme s'il s'agissait d'une autre ville. Jusqu'au milieu des années 1980, la cité est d'ailleurs une bulle communiste au milieu d'un village socialiste qui s'en désintéresse complètement. Quand le dernier puits ferme à Oignies, fin 1990, le chômage s'y enracine de façon tenace. C'est à Darcy que le Front national perce et s'implante en douceur pour commencer. Aux municipales de 2014, le FN y emporte 54,75 % des suffrages, un de ses meilleurs scores de la ville.

Autre quartier, même stratégie : Beaumont. Tout près de la zone commerciale d'Auchan, les habitants ont aussi le sentiment d'avoir été floués. Avant 1971, Hénin-Beaumont s'appelait encore Hénin-Liétard et les habitants de Beaumont-en-Artois étaient fiers de leur village. C'est là que mes grands-parents maternels ont géré jusqu'en 2000 une exploitation agricole transmise de génération en génération. À la fermeture des mines, le maire socialiste Jacques Piette sait qu'Hénin-Beaumont est à un carrefour : elle doit soit réagir soit sombrer. Pour dérouler le plan de développement économique qu'il a en tête, il lui faut des terres à bâtir mais il n'en a plus beaucoup sous la main… Alors les regards aiguisés de la municipalité se tournent vers le village agricole voisin de deux mille habitants, et un projet de fusion voit le jour.

À Hénin-Liétard, l'affaire passe quasiment inaperçue. Mes grands-parents paternels, qui y tiennent alors une pharmacie en centre-ville, se rappellent : « À l'époque, Beaumont était séparé d'Hénin par trois kilomètres de champs. C'était vraiment un village à part qui avait une vie à part. Quelques habitants venaient certes à la pharmacie mais on ne connaissait pas trop les gens de là-bas. Ça n'a pas changé notre vie. »

À Beaumont-en-Artois par contre, c'est le branle-bas de combat. Conscients que la fusion risque de ne pas être un long fleuve tranquille, les quelques conseillers municipaux « pro-fusion » organisent les choses en catimini et votent la décision au cours d'un conseil municipal secret et tenu à huis clos. Mon arrière-grand-père, Gilbert Hugot, et trois de ses collègues sont les seuls à voter contre. Alors que le maire avait interdit à quiconque d'en parler, ils démissionnent à l'issue de la séance et montent un véritable comité de résistance, qui rassemble la plupart des agriculteurs et se réunit le soir dans la ferme familiale. On fabrique des pancartes, on organise des défilés dans tout le village en brandissant le slogan « pas de fusion dans la confusion ». On réclame un débat, furieux d'avoir été mis devant le fait accompli.

Une réunion publique est organisée. L'ambiance est électrique. On se houspille, on se bouscule volontairement. Jacques Piette vient d'Hénin-Liétard pour défendre son projet. Il a une certaine stature, c'est un ancien résistant, parachuté de la capitale par le Parti socialiste pour aider la ville à se redresser après la fin de l'industrie minière. À Hénin, il est très respecté. À Beaumont par contre, on l'attend de pied ferme, le Parisien ! Alors qu'il prend la parole pour tenter un exercice de pédagogie, quelqu'un lui lance de la salle : « Va pisser à Paris ! » Quelques adjoints de Beaumont-en-Artois le défendent. À l'époque, le village a encore des rues pavées. Grâce à Hénin on pourra moderniser la voirie et même s'occuper du château d'eau, que la municipalité « n'est plus capable d'entretenir ». « Incapables ! » répond la salle en colère.

L'officialisation de la fusion qui suit son cours dans le mépris des protestations doit se faire à Arras. Ils louent un bus pour aller y faire du bruit. Mais lorsque les Beaumontois en colère arrivent, ils se rendent compte que la signature a eu lieu le matin même. Encore une fois, on leur a menti. Qu'importe, ils rentrent au village et défilent à nouveau. Les agriculteurs insurgés n'en démordent pas. Et symboliquement, lorsque la fusion devient effective, ils décident même de ramasser eux-mêmes les poubelles juste avant l'arrivée des camions d'Hénin. Les tracteurs sillonnent la rue principale. On interpelle les habitants au mégaphone : « Sortez vos poubelles, les agriculteurs vont vous les ramasser ! » Quelques mois plus tard, alors que la tension est encore palpable et que le président du syndicat agricole se marie, on claque des pétards comme il est de tradition. Sauf que tous les pétards sont lancés dans la cour de l'ancien maire de Beaumont, qui habite en face et a accepté la fusion. Ils seront quelques-uns à être condamnés par le tribunal de Vimy pour jets de pétard sur la voie publique.

Le père de Rose-Marie Slaviero était à l'époque adjoint au maire du village, puis devient « l'adjoint spécial » de la ville d'Hénin-Beaumont, détaché pour Beaumont qui conserve sa mairie annexe. À l'époque, celle qui deviendra en 2009 l'adjointe d'Eugène Binaisse avait une vingtaine d'années : « Les membres du conseil municipal ont été très malmenés par la population. J'adorais mon père, je ne supportais pas qu'on l'attaque, mais aujourd'hui je me dis qu'il y aurait dû y avoir plus de communication. Les agriculteurs se sont sentis spoliés. Les adjoints, eux, croyaient qu'ils étaient élus et donc qu'ils pouvaient prendre les décisions au nom de tout le monde. Ils ont été les premiers surpris de la réaction des gens. »

Tout cela peut paraître anecdotique. C'est en réalité symptomatique d'une machine politique si sûre d'elle-même que, trop souvent, elle a préféré le passage en force à la concertation. Et d'une fusion forcée qui laissera des séquelles. Rose-Marie Slaviero : « Je n'aurais jamais pensé que les gens d'un village où tout le monde se connaissait allaient réagir de cette façon. Ça a créé des animosités qui ont été très très longues à apaiser. Encore récemment, pendant le dépouillement des élections de mars 2014, j'ai été attaquée personnellement sur le sujet, plus de quarante ans après. Un truc du genre "elle, avec son père qui a vendu le village". »

En quelques années, il est vrai que l'ancien village a perdu son âme. Beaucoup d'exploitations ont fermé. Beaucoup d'agriculteurs ont été expropriés pour la construction de l'autoroute, ensuite de la ligne TGV, enfin de la zone commerciale. Aujourd'hui, Beaumont ne compte plus que deux petites pâtures. Et son entrée autrefois pittoresque est occupée par un immense Ikea, entouré d'une trentaine de magasins spécialisés dans l'aménagement intérieur. À l'approche de Noël, on peut rester coincé jusqu'à quarante-cinq minutes dans un embouteillage pour entrer ou sortir de l'ancien village, en faisant face au flot continu qui relie cette zone « Maison + » à l'autoroute A1 et à la zone commerciale d'Auchan, à cinq cents mètres.

Ici aussi, le Front national a su exploiter le sentiment de dépossession. Au moment des élections municipales de mars 2014, les bureaux de vote du centre-ville tournent en moyenne autour de 45 % des voix pour le FN. À Beaumont, dans le bureau de vote de la salle Lalo, on atteint les 56,16 % au premier tour !

« Tenez bon, on arrive ! » À l'approche des élections de municipales de 2008, le message est diffusé grâce à un

DVD déposé dans toutes les boîtes aux lettres. Marine Le Pen est candidate en deuxième position derrière Steeve Briois. Dans un clip de cinq minutes, un binôme baigné de lumière flatte l'ego blessé des habitants et promet de soulager leur porte-monnaie éventré, clamant qu'« il faut parier sur les habitants d'Hénin-Beaumont, il faut mettre leur avenir entre leurs mains ». Les thèmes classiques du FN – immigration, avortement, préférence nationale – sont habilement évités.

Au même moment, dans le camp opposé, craignant de perdre la ville une seconde fois, les instances locales et nationales du Parti socialiste se décrédibilisent en réintégrant officiellement Gérard Dalongeville au sein du parti, en l'investissant officiellement et en soutenant sa réélection, y compris en dépêchant sur place le secrétaire national de l'époque, François Hollande, en mars, au moment où la campagne bat son plein.

La liste FN obtient un peu plus de 28 % des voix. Quelques mois plus tard, quand le maire corrompu, Gérard Dalongeville, est révoqué, le duo Briois-Le Pen réédite sa candidature lors de l'élection municipale partielle organisée au début de l'été 2009 et obtient cette fois-ci 39,33 % des voix. Les bénéfices électoraux de la déroute socialiste sont immédiats, l'effet de vases communicants, presque direct. Suivront les élections régionales de 2010, qui voient les frontistes emporter dix-huit sièges, puis les législatives de 2012, où le socialiste Philippe Kemel l'emporte d'une centaine de voix seulement contre Marine Le Pen après avoir nettement distancé Jean-Luc Mélenchon au premier tour.

La victoire du Front national est donc le fruit d'une progression électorale continue, soutenue par des opérations de communication bien huilées et largement relayées par les médias. Sur ce territoire déshérité, le FN s'est appliqué jusqu'au sommet de son état-major à témoigner sans relâche de l'intérêt pour la population. Une personnalité qu'on voit à la télévision est venue pour se pencher sur leurs préoccupations ! Et pas seulement une journée ou le temps d'une campagne, comme le font certains, mais régulièrement. Ils reviennent, retiennent les prénoms, prennent patiemment la pause avec les enfants, signent des autographes. Dans leur sillage, une nuée de caméras et de micros peuple désormais le centre-ville en période électorale et banalise leur présence. Parfois, cela agace les mères de famille qui font leurs commissions au pas de course avant d'aller chercher le petit dernier à l'école : « J'comminche à en avoir ras le bol de ch'cirque. » Cela impressionne d'autres passants : « Et vous vous êtes de BFM ? Ouais, j'connais. Et sinon, y a pas moyen qu'j'fasse une petite interview vite fait ? Ben j'vote ici, j'ai des trucs à dire, quoi. Ça passe à quelle heure votre truc ? » Les projecteurs sont braqués sur notre ville. L'étiquette « ville FN témoin » remplace celle de « ville du maire magouilleur ». Elle est tout aussi stigmatisante pour les uns, mais d'autres la trouvent nettement plus flatteuse. Ils sont de moins en moins nombreux à détourner la tête et à fuir en apercevant Marine

Le Pen. Elle s'implante, s'enracine et gagne, scrutin après scrutin, le cœur humilié des habitants. Qu'importe que son choix soit dicté par les sondages et le pragmatisme. Qu'importe qu'elle continue de vivre à Saint-Cloud tout en se faisant domicilier rue Élie-Gruyelle afin de pouvoir s'inscrire sur les listes électorales. Qu'importe qu'elle préfère parfois à son adresse héninoise le plus chic et confortable Lensotel.

Ses apparitions se réduisent à la grande braderie de septembre pour sa rentrée politique, à la cérémonie du 11 novembre, à la fête de la Sainte-Barbe, où l'on rend hommage aux mineurs, et à quelques apparitions chez les commerçants en période d'élection ? On lui pardonne ! Elle délaisse son poste de conseillère municipale le 21 février 2011, acculée par la limitation du cumul des mandats imposée par la loi, lui préférant ceux de députée européenne et conseillère régionale ? Pas de problème : elle, qui nous a choisis parmi 576 circonscriptions et 36 000 villes, a restauré l'ego écorché des Héninois et des Beaumontois. Cela mérite bien de l'indulgence !

5

Hénin-Beaumont n'est pas n'importe quelle ville : elle est devenue la vitrine du Front national, qui cherche à démontrer qu'il est une alternative crédible. Car la ville est surtout un marchepied pour accéder aux échelons supérieurs du pouvoir. Ainsi, la victoire fera tache d'huile : le canton d'abord, puis l'agglomération, la circonscription, la région et pourquoi pas, un jour, la présidence. Pour l'heure, il faut se concentrer sur la réussite locale, y travailler avec acharnement. Pour Hénin-Beaumont, Steeve Briois et son ami Bruno Bilde ont élaboré une stratégie dite de « dédiabolisation ». L'objectif est simple : montrer que le FN est un parti normal, respectable et adapté à l'exercice républicain.

Pour faire bonne figure, pas question de dérouler les grands classiques que la maison mère rebat depuis des décennies. Fini le tapage sur Jeanne d'Arc, l'islam et l'avortement : à Hénin, le parti fait du sur-mesure, du propre sur lui. D'ailleurs, pour être certain de ne pas se tromper, il a concocté sa profession de foi des municipales 2014 à partir d'un questionnaire distribué dans toutes les boîtes aux lettres. Le programme qui en ressort est policé, lustré, désidéologisée, comme le souligne Sylvain Crépon, l'auteur d'*Enquête au cœur du nouveau Front national*. Du bio dans les cantines scolaires, plus de pistes cyclables, moins d'impôts, davantage de comités de citoyens, plus de transparence dans la prise de décision… On reconnaît à peine le parti de Jean-Marie. Tout au plus le thème de la sécurité, cher au siège, est rappelé avec la revendication de « tolérance zéro », la proposition de créer une « unité d'intervention » disponible vingt-quatre heures sur vingt-quatre et sept jours sur sept, d'installer des caméras de vidéosurveillance et de bouter les délinquants hors des logements sociaux.

« On ne gouverne pas une ville avec l'idéologie : on la gouverne avec la proximité », écrit d'ailleurs noir sur blanc Steeve Briois dans le journal municipal qu'il publie en mai 2016. Régulièrement, lui et ses acolytes répètent qu'ils ne sont pas d'extrême droite, mais qu'ils font du social. « Plus socialistes que les socialistes », se vantent-ils en venant me remettre un brin de muguet – que je refuse poliment – lors de leur première cérémonie du 1er Mai. Mon conjoint, qui m'accompagne ce jour-là, rétorque : « Oui, je n'en doute pas, ça s'appelle le national-socialisme, c'est très connu, ça a fait des millions de morts ! »

Combien d'autres intox peuvent-ils se permettre ? À force de mensonges et de manipulations, on finit parfois par se poser la question : sont-ils sincères ? Est-on en train de leur faire un mauvais procès ? Le nouveau FN n'a-t-il vraiment rien à voir avec l'ancien ? Même quand on les pratique de près, ils sont parfois très forts pour semer le doute dans notre for intérieur.

Dans ces cas-là il faut regarder un tout petit peu en arrière… Prenons Steeve Briois, « l'enfant du pays », comme il aime à le répéter, qui incarne le visage d'un FN dépoussiéré, *light* et respectable. Né à Seclin, petit-fils de mineur, il arrive à Hénin-Beaumont à treize ans. Deux ans plus tard, élève au lycée Darchicourt, il adhère au Front national. Nous sommes en 1988. À cette époque, Le Pen père claironne que les chambres à gaz sont un détail de l'histoire, veut renvoyer les femmes à la maison, rétablir la peine de mort et faire « rentrer les immigrés dans leur pays d'origine » afin d'économiser les « cent milliards » qu'ils coûtent à la France. La dédiabolisation est encore loin ! Steeve Briois confie d'ailleurs plus tard à la journaliste Haydée Sabéran, dans *Bienvenue à Hénin-Beaumont*, paru en 2011, que pour lui, l'immigration était le « problème fondamental » de son lycée à l'époque où il en usait les bancs : « Ce qui me choquait, c'est que des gens de ma génération parlent arabe entre eux. À l'époque, on commençait déjà à porter des tee-shirts à l'effigie de l'Algérie. Ça me mettait hors de moi. » Alors « il vend sous le manteau des pins FN à la récré », se rappellent ses camarades de classe.

Plus tard, Briois fait un détour par le Mouvement national républicain, scissionniste, de Bruno Mégret, avant de revenir au FN, plus motivé que jamais. Jusqu'en 2003, il use à Hénin-Beaumont des mêmes leviers qu'ailleurs : sécurité et immigration. Pour les municipales de 2001, sa liste, « Hénin-Beaumont sécurité », affichait en lettres majuscules six priorités : « rétablir la sécurité, refuser la mosquée, diminuer l'immigration, donner la priorité aux Français, faire revivre Hénin-Beaumont, baisser les impôts ».

Depuis, le grand nettoyage a eu lieu. Polir, lustrer, rincer les mémoires, mélanger les héritages intellectuels, brouiller les ascendances. Un des symboles les plus spectaculaires de cette opération propreté est la récupération de l'héritage de Jean Jaurès, parlementaire socialiste qui a marqué le début du XXe siècle par son verbe et ses idées humanistes. Début 2014, à quelques semaines des élections municipales, Steeve Briois inonde la ville d'une carte de vœux à l'apparence la plus banale du monde : il pose devant un paysage pittoresque, au lac du Bord des eaux, facilement identifiable par les habitants, sous un ciel d'un bleu pur. « Steeve Briois vous souhaite une bonne et heureuse année 2014. » C'est du classique. Sauf qu'en haut à gauche, il a glissé une citation dont l'auteur attire l'attention : « Il ne faut avoir aucun regret pour le passé, aucun remords pour le présent et une confiance inébranlable pour l'avenir (Jean Jaurès). »

Jean Jaurès ! Jaurès, l'anti-dreyfusard, pourfendeur de l'antisémitisme. Jaurès, l'internationaliste, fondateur de la SFIO – Section française de l'internationale ouvrière –, ancêtre du Parti socialiste, qui projetait d'unir les travailleurs au-delà des frontières. Jaurès, qui a fondé et dirigé l'*Humanité*. Jaurès le pacifiste, l'opposant à la première guerre mondiale, qui a payé cet engagement de sa vie, assassiné par un nationaliste à la veille du conflit.

Les symboles sont importants, Steeve Briois le sait. Peu importent les actes et les personnalités qui peuplent l'histoire de son parti. Peu importe le sens historique des choses. Les racines sont douteuses ? Les enfouir sous terre. Les pères fondateurs ne sont pas recommandables ? S'en approprier de nouveaux. La maison manque de héros ? Emprunter ceux du camp d'en face.

Les ficelles sont grosses. Steeve Briois n'a d'ailleurs rien inventé. Déjà, en 2009, en pleine campagne des élections européennes, Louis Aliot, conjoint de Marine Le Pen et tête de liste frontiste dans la circonscription du Sud-Ouest, avait fait placarder un portrait de Jaurès à Carmaux, dans le Tarn, où presque un siècle plus tôt l'homme de gauche s'était montré solidaire des mineurs grévistes et avait découvert le socialisme. L'affiche FN portait la mention : « À celui qui n'a plus rien, la patrie est son seul bien ». Et en bas, en grosses lettres, le slogan osé, « Jaurès aurait voté Front national », suivi du traditionnel « Votez Louis Aliot ».

Évidemment, pour le FN, brandir ces solidarités ouvrières est plus confortable que d'assumer le passé collaborationniste de certains de ses membres fondateurs. Que dire de ces fidèles nostalgiques de l'Algérie française ? D'un Le Pen condamné maintes fois pour provocation à la haine, violence raciale, antisémitisme, apologie de crime de guerre, contestation de crime contre l'humanité – la dernière en avril 2016 pour avoir répété que « les chambres à gaz étaient un détail de l'histoire » ? Que faire de ces encombrants soutiens, skinheads néonazis, membres de groupuscules violents, identitaires revendiqués ? Ces amitiés font vaciller la stratégie de normalisation. En janvier 2017, loin d'Hénin-Beaumont, à Antibes, sur la Côte d'Azur, Steeve Briois renoue avec les démons du passé. En sa qualité de vice-président du Front national, il est là pour adouber Philippe Vardon, conseiller régional FN en PACA, qui vient de rejoindre l'équipe de campagne de Marine Le Pen. Cet ancien leader de Nissa Rebela, branche niçoise du Bloc identitaire, accuse régulièrement Christian Estrosi d'islamiser sa ville et n'en finit pas d'appeler à la « reconquête identitaire ». Évidemment, ce genre d'amitiés, Steeve Briois évite de les étaler sur la place centrale d'Hénin-Beaumont.

Dans notre ville, il préfère largement se réclamer de l'héritage de personnalités plus consensuelles, telles que Jacques Piette. Un an plus tôt, il a jeté son dévolu sur celui qui fut le très respecté maire d'Hénin-Beaumont de 1969 à 1989. L'ouvrier et fils d'ouvrier, qui n'a jamais cessé d'étudier par correspondance, a été de toutes les résistances. En Espagne, aux côtés des républicains. Puis, dans la Résistance, dès l'été 1940. Quatre ans plus tard, il prend le commandement de l'Organisation civile et militaire – un des grands mouvements de la Résistance – et participe à la libération de Paris. Haut fonctionnaire après la fin de la guerre, il sera aussi directeur de cabinet de Guy Mollet, puis conseiller d'État, député de l'Yonne, membre du comité directeur du Parti socialiste, et enfin maire d'Hénin-Beaumont. Piette est un héros. Il a laissé aux habitants, sauf à certains Beaumontois qui n'ont pas digéré la fusion, l'image d'un homme respecté et respectable. Une figure idéale pour un FN en quête de réhabilitation morale, qui – ne craignant jamais l'indécence – n'hésite pas à se présenter comme son héritier direct. D'ailleurs, 2016 marque le centième anniversaire de sa naissance. L'occasion est trop belle ! Le Front national organise un hommage en grande pompe : ses vieux amis sont présents, deux de ses enfants ont fait le déplacement, et Bruno Bilde officie en grand maître de cérémonie. La semaine précédente, sa seconde épouse, qui l'a accompagné pendant tout son mandat de maire, me joint par téléphone. Je ne l'ai jamais rencontrée, mais elle connaissait bien mes grands-parents. Sa voix dans le combiné est bouleversée. Elle s'excuse, bredouille, explique qu'elle a été invitée par les élus frontistes à prendre part à cette cérémonie, qu'il est hors de question pour elle de venir. Elle ne fera pas d'esclandre, mais tient à me le faire savoir. Un an après, elle a encore du mal à accepter cette commémoration : « Ça va tellement à l'encontre de ce qu'il a été dans sa vie, à l'encontre de tous ses combats… J'étais très étonnée, j'ai trouvé cela invraisemblable en fait. »

Quant à nous, qui ne partageons pas les idées du Front national mais souhaitons rendre hommage à ce grand homme, nous sommes pris au piège : boycotter ou dénoncer serait irrespectueux, alors nous ne disons rien.

Le FN ne s'encombre pas de sentimentalisme. Dans sa nouvelle version, il a choisi l'option caméléon. Désormais, le Front s'adapte à son environnement. Il change de visage et sait recalibrer son message pour le faire coller à l'environnement psycho-social local et aux attentes de ses électeurs, variables selon les régions. Ainsi, l'électorat FN du Nord, plutôt populaire – 50 % d'ouvriers et d'employés – a des attentes plus « sociales » que celui du Sud, constitué de personnes en moyenne plus âgées, avec un tropisme plus droitier, arabophobe et poujadiste.

En conséquence, le FN du Nord se construit et se présente comme un parti « anti-système », concentré en priorité sur les problématiques économiques et sociales. Quant à sa version sudiste, elle s'exprime davantage sur les problématiques identitaires, et se comporte plutôt comme une version radicale des républicains, avec lesquels elle n'hésite d'ailleurs pas à s'acoquiner en coulisses pour troquer telle ou telle circonscription. Jean-Marie

Le Pen, Gilbert Collard et Marion Maréchal-Le Pen d'un côté, Steeve Briois, Florian Philippot et Marine Le Pen de l'autre. Ces incohérences pourraient être un handicap ; ils en ont fait une force, un moyen de parler à un spectre large, allant des ouvriers désocialisés au chômage, déçus par la gauche, aux riches séniors des villes balnéaires, lassés de payer trop d'impôts au profit des assistés. Le FN est devenu une boule à facettes, capable de renvoyer à chacun le rayon de lumière dont il avait besoin pour se sentir rassuré. Il faut le reconnaître : c'est une certaine performance.

Sa façon de s'adresser à la communauté musulmane et de considérer les mosquées est un bon exemple de sa dualité : à Hénin-Beaumont, le maire entretient des relations diplomatiques avec les responsables de la mosquée Ennasr. Alors que la présidente du Front national appelle depuis le mois de janvier 2015 au gel de construction de toute nouvelle mosquée, Steeve Briois, qui faisait autrefois campagne dans le même sens, a finalement délivré un permis de construire le 7 mars 2016 pour agrandir celle d'Hénin. Au lendemain des attentats de *Charlie Hebdo*, déjà, il s'était rendu dans ses locaux, avec Christopher Szczurek, président du groupe FN et adjoint à la culture, pour inviter les administrés musulmans à se joindre au rassemblement organisé deux jours plus tard par la municipalité.

À Fréjus par contre, son grand ami David Rachline, lui aussi maire Front national, a fait du projet de nouvelle mosquée l'un de ses principaux thèmes de campagne, promettant d'organiser une fois élu un référendum sur le sujet, serment qui tombera d'ailleurs aux oubliettes. Après sa victoire, il se lance dans un combat pour empêcher l'ouverture de la mosquée mais sera débouté par la justice, et appellera alors ses administrés à manifester, le jour de l'Aïd-el-Kébir, devant le lieu de culte musulman. Le tract distribué par les employés municipaux ne pourrait être plus clair : « Non à l'ouverture de la mosquée permise par l'UMPS, soutenue par la gauche et autorisée par une justice complaisante ! »

Cette dualité, je m'y suis confrontée aussi à propos les questions environnementales. Prenons les éoliennes, par exemple. En septembre 2015, la ville d'Hénin-Beaumont doit donner son accord à la construction d'un parc éolien en Picardie, où, grâce à un legs, elle est propriétaire de foncier. Lors de la délibération, Steeve Briois est très fier d'annoncer au conseil municipal qu'il fait de l'écologie. Sauf que le Front national a en réalité toujours condamné ce genre d'installations, qui, je cite, « massacrent le paysage » avec la complicité des « terroristes verts ». Ces propos vous paraissent excessifs ? Ce sont ceux que Marine le Pen à tenus au Salon de l'agriculture de 2011, ajoutant pour la forme : « Je suis contre les éoliennes, c'est immonde et ça ne marche pas. » À Hénin-Beaumont, on n'est pas à une contradiction près, surtout si elle permet de me signifier en conseil municipal : L'écologie, « vous, madame Tondelier, vous en parlez, nous, on la fait ». Un bon mot vaut bien une incohérence.

S'il n'hésite pas à utiliser la mémoire d'illustres défunts, le FN se sert aussi des vieilles amitiés nouées par la ville. En janvier 2016, pour les vœux du maire, la municipalité a un invité de marque, Douada Niang, maire de Rufisque, commune sénégalaise de 490 000 habitants jumelée avec notre ville. Sur l'estrade de l'espace François-Mitterrand, plein à craquer, les deux maires affichent solennellement la longue amitié culturelle qui les lie, sous le regard attendri de Florian Philippot, assis au premier rang. La scène a quelque chose de surréaliste. Le Front national en fait tellement que ça me met mal à l'aise. Surtout vis-à-vis du maire de Ruffisque. Derrière moi, j'entends les remarques de militants frontistes: « Ça fait beaucoup de Noirs sur la scène, quand même. » C'est sûr que le déploiement d'habits traditionnels africains autour des adjoints FN a quelque chose d'incongru.

Christophe Szczurek, adjoint à la culture, commence par rappeler à la tribune les racines de cette longue amitié. Nous sommes au sortir de la première guerre mondiale, la ville a été entièrement détruite par les Allemands et la municipalité lance un appel dans la presse pour trouver de généreux donateurs, prêts à soutenir la reconstruction de l'hôtel de ville ravagé. Galandou Diouf, maire de Ruffisque de l'époque, y répond favorablement et vote le financement d'une partie des travaux. Cette opération de solidarité est l'ancêtre de la coopération décentralisée que Steeve Briois se vante de relancer presque un siècle plus tard par la signature d'une convention. Mais malgré les poignées de main chaleureuses, les annonces et les promesses, le Front national n'a pas l'intention de satisfaire, en retour, les attentes du maire sénégalais qui explique à la tribune que, aujourd'hui, c'est Ruffisque qui a besoin d'aide pour rénover ses écoles. Au conseil régional pourtant, ses élus ont systématiquement voté contre toutes les initiatives proposées par ma collègue écologiste Majdouline Sbaï, qui y était de 2010 à 2015 la vice-présidente chargée de la coopération décentralisée. Éducation, construction d'écoles, fonds d'aide aux femmes entrepreneuses, accès à la santé, développement agricole ? « Les nôtres avant les autres », lui répond presque systématiquement Jean-Richard Sulzer, conseiller régional FN d'opposition et adjoint aux finances à la ville d'Hénin-Beaumont. Heureusement pour nous que Ruffisque tenait un autre discours un siècle plus tôt !

Alors à quoi bon cette grande mascarade ? La réponse est simple : la séance photo aux côtés du maire sénégalais en habits traditionnels est un élément essentiel de la bataille de l'image que mène Steeve Briois. La poignée de mains doit faire mentir coûte que coûte les idées préconçues qui collent à son parti. Qui sait lire entre les lignes le comprendra aisément en parcourant le journal municipal consacré à l'événement : l'édito vante « une rencontre empreinte de respect et de loyauté, à mille lieues des préjugés de certains aigris ». Traduisons-le : non seulement Briois tente de persuader de sa respectabilité, mais il en profite pour affirmer que ceux qui oseraient prétendre le contraire sont, eux, emplis de rancœur et de préjugés envers lui. Il fait surtout la démonstration de son formidable talent pour inverser les rôles.

6

Le 14 juillet 2014, Steeve Briois a une pelle dans les mains et plante lui-même, avec ferveur, l'arbre de la liberté. Les arbres de l'égalité et de la fraternité doivent compléter le tableau les années suivantes, annonce-t-il solennellement dans un grand moment de communion républicaine. Liberté. Égalité. Fraternité. Ces mots résonnent étrangement dans la bouche de notre maire. Il y a comme un hiatus. Quelque chose qui sonne faux. Peut-être le contraste entre l'image vertueuse que Steeve Briois tente de se donner et ses obsessions xénophobes anti-roms et anti-clandestins. L'héritier de Jean Jaurès d'un côté, l'auteur de la charte « Ma commune sans migrants » de l'autre. Version politique du docteur Jekyll et de M. Hyde.

Cela a commencé sobrement, deux mois après son élection, par la signature d'un arrêté anti-mendicité. Il est loin d'être le premier. Nogent-sur-Marne, La

Madeleine, Marseille ont ouvert le bal quelques années plus tôt. Beaucoup d'autres villes ont suivi, récemment Tour, Roubaix, Tourcoing. La mendicité n'est plus un délit depuis 1994. Et ce type d'arrêté est illégal s'il n'est pas proportionné et nécessaire au maintien de l'ordre public. À Hénin, le texte signé le 26 mai 2014 interdit la mendicité du 1er juin au 31 août sur les places et les rues du centre-ville. La Ligue des droits de l'Homme dépose immédiatement un recours auprès du tribunal administratif, car de mendicité à Hénin-Beaumont, il y en a peu. Une ou deux personnes campent le mardi et le vendredi aux abords du marché pour faire la manche. Un fils d'immigré italien que tout le monde connaît sillonne également le centre-ville par tous les temps, réclamant « un euro, c'est pour s'acheter une frite ma tiote ». L'homme est insistant, collant même, mais ne justifie pas à lui seul un tel arrêté. De toute façon, à Hénin, tout le monde sait bien qui est visé par cette mesure : les quelques enfants roms qui, par périodes, quémandent des pièces sur le parking de la place de l'église.

Le maire se justifie dans *La Voix du Nord* : « Je ne veux pas viser particulièrement une population, je vise la mendicité. Ce critère-là ne rentre pas en considération. » Il affirme plutôt avoir été sollicité par de nombreux commerçants, riverains ou habitués du marché qui n'en pourraient plus d'être sollicités avec agressivité. Mais une fois devant le juge, Steeve Briois se trouve bien en peine de l'en convaincre et le 21 juillet, le tribunal administratif donne gain de cause à la Ligue des droits de l'Homme en annulant l'arrêté. Furax, l'édile n'hésite pas à condamner une « décision caricaturale de la justice laxiste à la Taubira », promettant de prendre « très prochainement » un nouvel arrêté… qui ne verra jamais le jour.

Les boucs émissaires de la municipalité Front national sont en tout cas identifiés. Pourtant, après cette déconvenue, Steeve Briois se tient à carreau pendant quelques mois. Drapé dans ses habits de maire idéal, il met en scène une politique policée, qui se concentre sur la chasse aux économies au sein de l'Hôtel de Ville, sur l'organisation de fêtes populaires, sur la réfection des trottoirs et de la voirie, dont l'entretien a des années de retard. Il a de quoi s'occuper ! Et cela lui permet d'éviter un autre camouflet judiciaire avant les élections départementales de mars 2015, à l'occasion desquelles il entend bien transformer l'essai.

Mais vous connaissez le proverbe : chassez le naturel, il revient au galop. Alors lorsque François Hollande, au cours de sa conférence de presse de rentrée du 7 septembre 2015, annonce que « la France est prête à accueillir vingt-quatre mille réfugiés dans les deux ans à venir », c'est l'occasion rêvée pour Steeve Briois de faire un clin d'œil complice à la frange de ses électeurs qui regrettent, au fond, de ne pas reconnaître une politique vraiment Front national à Hénin-Beaumont. La majorité s'empresse donc de griffonner un texte sur mesure, qui sera présentée au conseil municipal du 29 septembre 2015. Au cours d'une séance qui dure trois heures et demie, les élus, sous l'impulsion d'Aurélia Beigneux, adjointe aux affaires sociales, proposent une motion relative au logement… qui se transforme très vite en diatribe anti-migrants : « Comment expliquer aux familles les plus démunies que les logements sociaux seront prioritairement attribués à des clandestins alors qu'elles doivent attendre plusieurs années pour en obtenir ? »

L'adjointe n'hésite pas à associer « réfugiés » et « clandestins », qu'il n'a d'ailleurs jamais été question de placer dans des logements sociaux. Et elle ne s'arrête pas là : « Nous sommes sensibles à leur détresse, mais nos valeurs humanistes, notre bon sens et notre cohérence nous rappellent que nous n'avons pas les moyens d'accueillir ces migrants. » C'est donc au nom de leur « humanisme » que les élus Front national décident de déposer un vœux contre les migrants. On croit rêver ! Pourtant le raccourci semble payant : la lecture de la motion se conclut par trente longues secondes d'applaudissements nourris, en rythme, comme pour un rappel. Dans le public, on en redemande. Alors Steeve Briois enchaîne : « L'humanisme n'est pas de droite ou de gauche, mais nous nous sommes confrontés chaque jour à la détresse des habitants. Je trouve incroyable que tout le monde se foute des gens qui crèvent, qui n'ont pas de logement, des mamies qui viennent pleurer dans mon bureau. » Je l'interromps, hors de moi devant de pareilles inepties : « Qui s'en fout, qui s'en fout ici ? » Il poursuit : « Vous ne pouvez même pas vous imaginer puisqu'en ce moment il n'y a que les migrants qui vous intéressent. » Tant de mauvaise foi. Je suis estomaquée. Il est loin, le temps où Hénin-Beaumont portait le nom d'Hénin-L'Humanité, ainsi rebaptisée par les révolutionnaires de 1793 ! Quels mots pour défendre ce réflexe quasi instinctif qui pousse à aider ceux qui en ont besoin, quelle que soit leur nationalité, à porter secours à un humain en danger ? Que dire du besoin de fraternité devant une salle manifestement hostile ?

Bruno Bilde, impérial, décide qu'il est temps pour lui d'intervenir : « Je sais que c'est un sujet très clivant. Essayons au moins une seconde de le dépassionner. » Je m'attends au pire. « La France, et Hénin-Beaumont en particulier, n'a pas les moyens de les loger. » Je glisse : « Je ne pense pas que c'est ici qu'ils aient envie de venir. » Je fais remarquer que, outre le fait que notre ville n'a pas été sollicitée pour accueillir des migrants, il y a peu de chances pour qu'une personne en situation irrégulière choisisse, parmi les trente-six mille communes de France, une ville Front national pour venir se planquer... Il poursuit : « Alors moi, je vous mets en garde contre cet humanisme assez bon marché que vous nous fourguez là, et surtout moi, j'applaudirais, et je serais prêt à faire un hommage public, si vous montriez l'exemple. Madame Tondelier, accueillez des migrants chez vous. » Le public est galvanisé, lance des « ouais » comme après un bon coup sur un ring. La rhétorique du « prenez-les chez vous » sera filée tout au long du mandat, de manière de plus en plus violente. Rapidement, Steeve Briois conclut le débat en mettant la motion aux voix. Il annonce son adoption – seuls les six élus de l'opposition votent bien sûr contre – et enchaîne : « Il y a un pot de l'amitié et de la fraternité qui vous attend. »

Ces débats sont vertigineux, éprouvants. La montée des périls me semble tout à coup très concrète. Le monde vacille et semble se refermer sur lui-même sous mes yeux. Les attaques gratuites contre moi ne m'affectent pas. Je me suis bâti une carapace sur laquelle elles glissent. Celles qui visent les plus précaires, instrumentalisent les souffrances, jouent avec la peur de l'autre, et deviennent l'argument de vente d'un programme rance me troublent par contre profondément.

Ainsi, au fil du temps, j'ai acquis la certitude que les élus FN ont un souci existentiel avec les Roms. Édouard Blanc, que le Front national a un temps recruté comme directeur des Affaires juridiques, me l'a d'ailleurs confirmé en me racontant une scène édifiante : « Un dimanche en début d'après-midi, je sortais acheter des cigarettes, je tombe sur Steeve Briois, Bruno Bilde et deux autres élus. Je traverse la rue pour les saluer. Des Roms nous accostent pour demander de l'argent. Bruno Bilde se met à vociférer en secouant les mains d'un air dégoûté : "Ah ! C'est dégueulasse, c'est dégueulasse, c'est dégueulasse ! Ah !" etc. Je ne savais plus où me mettre, j'étais terriblement gêné. » À ce stade, une telle réaction ne relève plus de l'opinion politique mais du manque de civisme, de respect et d'éducation.

En juillet 2016, la mairie obtient l'autorisation de démanteler un campement rom installé sur son territoire, sur une ancienne friche industrielle limitrophe de Montigny-en-Gohelle. Nous sommes quelques membres du collectif Fraternité Rroms bassin minier à faire le piquet devant la préfecture pour obtenir un rendez-vous afin d'organiser la continuité des soins. Il y a des dizaines d'enfants sur ce campement, que je connais pour leur rendre visite de temps en temps ; ne rien faire serait de la non-assistance à personne en danger. Steeve Briois, lui, en profite pour poster sur Facebook une publication intitulée « Tondelier et les Roms : le cœur à gauche, la tête à l'envers ! » Il me prend violemment pour cible : « Comment définir l'attitude irresponsable de Marine Tondelier, petite bourgeoise gauchiste de notre ville, qui a manifesté devant la sous-préfecture de Lens ? […] Marine Tondelier, fille à papa, est libre d'ouvrir la porte de sa propriété à une famille rom. La défense de causes improbables et lointaines la concerne visiblement davantage que le quotidien des habitants d'Hénin-Beaumont. » Que les élus FN ne fassent rien pour aider les Roms ou les migrants est une chose. D'ailleurs personne ne le leur demande. Ce qui est intolérable et me met hors de moi, c'est leur acharnement à instaurer un délit de solidarité, leur obsession à culpabiliser ceux qui se mobilisent. Faudrait-il que nous laissions ces êtres humains crever en silence ?

Quelques semaines plus tard, pendant les grandes vacances, je passe une journée à Grande-Synthe, où le maire écologiste, Damien Carême, démontre que, avec des bouts de ficelle et de la volonté, on peut créer des conditions d'accueil décentes pour les réfugiés tout en continuant à prendre soin du mieux possible de sa population. Durant trois semaines, une association, Le Récho, a besoin de bénévoles pour cuisiner avec les réfugiés des repas à base d'invendus alimentaires. Un vrai moment de solidarité qui ne coûte rien au contribuable. De la chaleur humaine. Des gens qui, de part et d'autre de la table, forcent le respect, racontent, certains avec un bambin sur les genoux, leur périple de dix mois pour arriver jusqu'ici, où ils font étape sur la route de l'Angleterre. Comme chaque fois où je me rends à Calais ou à Grande-Synthe, je rentre ébranlée par leurs récits plein d'espérance. Je poste quelques photos sur Facebook pour signaler que cette initiative a encore besoin de bras. Le lendemain, je reçois une notification sur mon téléphone : « Steeve Briois a partagé votre statut. » Cela n'annonce jamais rien de bon… Effectivement, le commentaire qui accompagne ce partage est désarmant : « Voilà que la Tondelier est partie sur la côte » – on a l'impression que je suis à Deauville ou Saint-Tropez… alors que je suis dans la banlieue de Dunkerque – « pour faire à manger aux migrants. Cette élue qui pratique la préférence étrangère en toutes circonstances est la honte de notre commune. » Le procédé est typique d'une tentative de lynchage… qui ne se fait pas attendre. Je reçois des centaines de messages d'insultes, qui défilent, pêle-mêle, sur mon profil Facebook. Il y a les classiques, que je ne relève même plus : « Grosse bouffonne de connasse – Trop conne la meuf. QI d'huître. – Y'a plus beaucoup de socialopes

VIVE LE FN ! » L'expression de tout un tas de fantasmes sexuels qui manifestement perturbent la fachosphère : « Elle devrait offrir son corps aux migrants. Quand on est généreux, on l'est jusqu'au bout. – Saloperie suceuse de babouches. – Maintenant donne leur ton cul. – Toutes des salopes c'est le IIIe Reich. » Je suis immunisée contre ce type d'insultes. Ce qui par contre m'affecte, ce sont les appels au meurtre, du style : « Il faut les buter. – À la mer tous ces porcs musulmans. – On s'en bat les couilles des raclures qui viennent envahir et piller la France… Faut les remettre à l'eau et fermer les frontières. » Il y en a des dizaines dans ce genre. Je ne m'y habitue pas. Je découvre aussi un délire stupéfiant mais récurrent : « En 40 on appelait ça un collabo. – La honte au collaborationnisme… Nous n'oublierons pas. – Qu'on la tonde liée sur la place publique. – Vous allez moins rire quand le peuple de France se révoltera quand la guerre civile éclatera vous allez voir !!!!!! » Même les vieilles dames s'y mettent, comme Murielle V., qui se laisse entraîner par la vague et, à visage découvert, profère carrément une menace de mort : « […] J'espère que s'il y a révolution ou guerre les premières balles seront pour vous. »

Ça n'est pas la première fois que des tombereaux d'injures sont déversés sur mes collègues de l'opposition et moi. Steeve Briois a pris l'habitude de se comporter en chef de meute et de laisser ses troupes faire le reste du travail. David Noël, élu communiste à mes côtés, signale dorénavant ces insultes au procureur de la République. Peut-être devrais-je le faire également, et porter plainte contre l'auteur de chacun de ces commentaires – la plupart le font à partir de leur profil personnel et ne cache pas leur identité. Mais tout cela prend du temps, demande de l'énergie, des moyens – nous n'avons pas la chance, contrairement au maire, de payer nos procès avec de l'argent municipal grâce à la protection fonctionnelle. Alors je me contente d'évoquer ces graves dérapages lors du conseil municipal suivant. Bruno Bilde répond avec un culot fulgurant: « Je vais aller jusqu'au bout. Je pense que les petits provocateurs qui mettent des messages de ce style sur la page Facebook du maire, non seulement ils ne sont pas de chez nous, mais je les soupçonne même d'être de chez vous. » Évidemment, il suffit de quelques clics pour constater que leurs profils sont remplis de publications favorables à Marine Le Pen et à ses partisans. Mais devant nos protestations, l'adjoint enchaîne: « Laissez-moi parler, ne soyez pas totalitaire, je sais que c'est dur chez vous. » Dans ces cas-là il faut rester zen. S'énerver, c'est les laisser gagner une seconde fois.

En septembre 2016, alors que le ministre de l'Intérieur, Bernard Cazeneuve, annonce le démantèlement imminent de la jungle de Calais, Steeve Briois concocte un texte pour inciter les maires de France à refuser l'accueil de migrants sur leur territoire. Cette charte, intitulée « Ma commune sans migrants », est dévoilée lors des Estivales de Marine Le Pen à Fréjus et doit s'accompagner de la création d'une association regroupant les communes signataires. Steeve Briois enjoint aux élus FN de la porter dans les assemblées où ils siègent (plus de six cents communes) afin de « forcer les municipalités à se positionner ». Cette profession de foi en huit points les engage entre autres à faire évacuer « les camps sauvages de migrants », à ne pas verser de subventions aux associations « dont l'objet social est de promouvoir l'immigration massive ou l'accueil de migrants en situation irrégulière », à s'opposer à l'installation de centre d'accueil ou d'orientation… Le texte est non seulement xénophobe, mais est aussi et surtout un pur objet de communication. Après Beaucaire et Fréjus, le conseil municipal d'Hénin-Beaumont est appelé à examiner ce texte le 7 octobre 2016. Bien que notre ville n'ait pas été sollicitée pour accueillir qui que ce soit, Steeve Briois met en avant le « principe de précaution ». Aurélia Beigneux, adjointe aux affaires sociales, s'adonne au même numéro de claquettes que l'année précédente, nous reprochant notre « habituelle indignation à géométrie variable consistant à s'émouvoir de la misère humaine quand elle est exotique et à rester indifférents quand elle est sur le pas de leur porte ». Comme si la misère pouvait avoir quoi que ce soit d'exotique…

Le show tourne au ridicule. Au moment où Steeve Briois me donne la parole, tout le public soupire, hilare, « ahhhh, ahhhh », en signe d'impatience. Comme j'attends que le calme se fasse pour commencer à parler, Briois ajoute : « Une petite larme ? » Ces blagues sur le dos de centaines de milliers d'êtres humains qui souffrent sont abjectes, indignes d'un élu de la République. Bruno Bilde en profite pour s'offrir à peu de frais une avalanche d'applaudissements en lançant carrément: «Dehors les clandestins!» Me croisant à la sortie en train de discuter avec la présidente du Secours populaire, il nous criera: «Zéro euros pour les clandos!» La charte est adoptée grâce aux vingt-neuf voix des élus de la majorité. Dans les semaines suivantes, je dépose un recours au tribunal administratif demandant son annulation. Affaire à suivre...

Ce qui m'attriste le plus est de voir ce qu'est devenue notre ville. Dire que les Héninois ont été eux-mêmes des migrants à plusieurs moments de leur histoire! D'abord pendant la première guerre mondiale, lorsque les Allemands ordonnent son évacuation générale en avril 1917. Les habitants sont emmenés dans des wagons à bestiaux jusqu'en Belgique, et ne reviendront à Hénin-Liétard qu'à partir de décembre 1918.

Pendant la seconde guerre mondiale, l'évacuation se fait à nouveau dans la précipitation. Georges Bétrémieux, historien de la ville, se rappelle avoir vu Adolphe Charlon, maire de l'époque, parcourir les rues en hurlant: «Vite, partez, les Allemands arrivent!» Mon grand-père, alors âgé de dix ans, se souvient: «On a fui les bombes, on dormait dans la voiture. À Saint-Valéry, on s'est fait bombarder par les avions. Mon père m'a jeté vers la première porte venue: c'était une étable à cochons. Si on était restés à Hénin on serait morts. On allait au hasard. À Saint-Savinien-en-Charente, on a frappé à une porte: "Nous sommes du Pas-de-Calais." Le propriétaire a détaché lui-même le matelas au-dessus de la voiture et nous a donné une pièce pour dormir. On est revenus à

Hénin trois mois après. » Heureusement que les bonnes âmes qui ont accueilli les Héninois à l'époque ne leur ont pas répondu qu'ils réservaient leur charité à ceux bien de chez eux.

Soixante-quinze ans plus tard, ceux qui préfèrent prendre les choses avec humour – il en reste, rassurez-vous – philosophent, à l'image de cet habitué du bar PMU Le Chanzy : « Ils disent qu'ils veulent pas de migrants à Hénin-Beaumont mais ils sont quand même bien contents qu'on les ait accueillis, eux ! Briois, il est arrivé à treize ans, aujourd'hui il est maire. Christopher Szczurek, il vient d'une ville voisine, Beigneux, elle, vient d'Île-de-France et François Vial aussi. Résultat, ils sont tous les trois au conseil départemental. Sulzer, lui, habite à Neuilly-sur-Seine. Alors leurs histoires de souche, ça nous fait bien marrer. Et Marine Le Pen, la migrante qui vient ici que pour les élections, elle est aussi bien contente de trouver des gens accueillants, alors qu'elle réfléchisse un peu ! »

Pendant que Steeve Briois, le maire soi-disant dédiabolisé, distribue la médaille de la Ville à tous ses copains de l'extrême droite européenne – Filip Dewinter, leader du Vlams Belang, parti d'extrême droite flamand islamophobe et francophobe, et Marek Jurek, ancien président de la diète polonaise et farouche anti-avortement entre autres exemples –, les militants déterminés poursuivent leurs engagements humanitaires.

À la fin du mois de décembre 2016, nous lançons avec quelques copains la page Facebook « Alep : le bassin minier solidaire » pour aider les Syriens pris entre les feux de Daesh et ceux du dictateur Bachar el-Assad, allié aux Russes et aux Iraniens. Un formidable élan de générosité y répond. Plus de trois tonnes de produits d'hygiène, de médicaments, de matériel médical et de denrées non périssables sont expédiées en Syrie. Des gens de Douai, Loos-en-Gohelle, Ronchin, Maubeuge, Béthune ou encore Valenciennes nous ont même contactés afin d'élargir la collecte. L'acheminement de vêtements jusqu'en Syrie étant plus coûteux que l'achat à la frontière turque, ceux que nous avons collectés sont remis à des associations de charité qui œuvrent dans le secteur. Comme quoi, aider ici et là-bas est parfois complémentaire. Comme quoi, la préférence étrangère systématique n'existe que dans l'esprit malade de quelques élus pétris de haine. Jamais ils ne nous empêcheront de continuer à être fiers de notre terre d'accueil et de solidarité.

7

A quelques exceptions près, la nouvelle mandature semble commencer sous les meilleurs auspices en mairie. Les élus se vantent de révolutionner le dialogue social avec les employés municipaux. Dès la campagne, la plupart d'entre-eux avaient d'ailleurs reçu à leur domicile une lettre du candidat Briois leur promettant : « Vous serez écouté(e) et respecté(e). Quelle que soit votre place, votre grade ou votre fonction, sachez que vous êtes indispensables à la bonne marche de notre ville et de ses services. J'ai confiance en vous et à vos capacités de travail. » Juste après l'élection, une réunion est même organisée avec les syndicats pour répondre aux inquiétudes. Franck Mayeux, leader de Force ouvrière, déclare prudemment à la *Gazette des communes*, le magazine de la fonction publique territoriale : « Nous avons respecté M. Binaisse. Demain nous respecterons M. Briois. » Peu après, la traditionnelle remise des cahiers de doléances, le 1er mai 2014, se déroule sans animosité apparente. En effet, à Hénin-Beaumont, comme dans d'autres villes, la tradition veut que, le jour de la fête du Travail, les syndicats locaux viennent à l'hôtel de ville exprimer leurs revendications avant de boire le pot de l'amitié. Le délégué de l'union locale de la CGT Dany Coolen, accompagné du secrétaire général René Gobert, en conflit ouvert avec le maire précédent, se contente de lire un texte préparé au niveau national, qui étrille le gouvernement. Steeve Briois lui répond, sourire aux lèvres, qu'il est en accord avec tout ce qui vient d'être lu. René Gobert remarque aujourd'hui : « C'était une phase d'observation. »

L'absence de contestation en a surpris plus d'un. Mais il faut dire que les agents présents en mairie au cours de la décennie précédente en avaient vu d'autres.

Durant l'ère Dalongeville, il y a eu l'angoisse croissante des employés à mesure qu'ils se rendaient compte que la municipalité n'arrivait plus à joindre les deux bouts, comme se le rappelle un ancien : « À un moment, plus aucun fournisseur ne voulait travailler avec la Ville. Là, vraiment, on a commencé à comprendre que ça sentait le roussi. Courant 2008, la rumeur courait en mairie qu'on ne serait bientôt plus payés. »

Il y a eu les descentes de la brigade financière, les prestataires non payés débarquant directement dans le service pour réclamer leur dû en s'en prenant aux filles de la direction des affaires financières, le personnel de direction entendus par la police. L'expérience est bouleversante.

Et puis il y a la fin de règne brutale de “Gérard”, qui laisse les employés, du jour au lendemain, sans pilote dans l’avion. Un chef de service de l’époque se souvient : « On a dû assurer la continuité du service public mais dès qu’on se présentait comme “mairie d’Hénin-Beaumont”, on ne voulait plus de nous. » Des services demeuraient en sureffectif, mais tournaient au ralenti faute de fournitures : « On était même ric-rac niveau papier dans les imprimantes », ajoute-t-il.

Il y a enfin, après les municipales partielles, la pente à remonter, raide et savonneuse, le tout sous le feu constant des critiques du Front national sentant son heure arriver. La suspicion se généralise : la population n’a plus confiance, les employés se méfient les uns des autres. Ils ont le sentiment d’être considérés comme des fainéants et des magouilleurs. Après ce qu’ils viennent de subir et avec le défi du redressement, c’est la triple peine. La municipalité manque alors cruellement de personnel d’encadrement, mais les candidats ne sont pas légion. Un chef de service : « En même temps, je le comprenais. Bosser à Hénin ça faisait flipper. Tu m’étonnes que personne ne veuille venir ! » Cela n’empêche pas quelques cadres motivés d’arriver en mairie et d’instaurer progressivement des procédures conformes à la réglementation. Forcément, cela fait beaucoup de changements pour des agents encore déboussolés. Dans ces conditions, l’humour maladroit du nouvel édile n’est pas très bien perçu. Ses tentatives pour détendre l’atmosphère – qu’on appelle en ville des

« binaissades » – en irritent certains. René Gobert, déjà secrétaire général CGT, confirme : « Eugène Binaisse, lui, c'était un vanneur. Moi je m'en foutais mais y a des gens qui le prenaient très mal. » Parmi les phrases marquantes : « Collez pas trop au radiateur, vous allez choper des escarres ! – Mangez pas trop de gâteaux, vous n'allez pas réussir à travailler ! » Ou encore, en quittant un bureau : « Éteignez les cafetières, ça coûte à la collectivité ! »

En se replongeant dans l'histoire de la mairie d'Hénin-Beaumont, on comprend que ses employés, échaudés par dix années démentielles, aient appris à être sur leurs gardes. Certains ont même, sans s'en cacher, joué contre Eugène Binaisse, le précédent maire, et semblent contents de sa défaite. Mathieu Dujardin, directeur de la Cohésion sociale au moment de la passation de pouvoir : « Beaucoup d'agents, pro-FN ou déçus de la précédente municipalité, pensaient sincèrement que ça allait changer. »

Les premiers mois, les élus FN commencent par montrer leur plus beau visage. Un employé se souvient : « À la fin d'une réunion de travail, au printemps 2014, Bilde s'est levé et nous a dit : “Je vous invite à rester prendre un pot.” C'en était presque gênant… » Un cadre qui a fini par quitter la mairie abonde en ce sens : « Tout de suite après leur victoire, ils se sont montrés super sympas. Ils étaient souriants, accueillants, disaient bonjour à tout le monde. Certains employés ont connu un état de grâce, ils ont eu des promotions, des mutations. C'était une période de séduction. » Isabelle *, qui travaille alors à la direction de l'Aménagement du territoire, se voit offrir plus de responsabilités : on lui confie l'interface entre son service et les élus. Elle est même augmentée. « Leur stratégie, c'est de vous mettre en confiance », explique-t-elle. Sa coopération, elle la paie de quelques insultes de la part de ses collègues (« collabo », « garce », « putain »), qui la blessent. Elle considère faire « juste [son] boulot », qui compte beaucoup pour elle, et le FN l'a mise au pied du mur : « Ai-je le choix ? » a-t-elle demandé lorsque ses nouvelles responsabilités lui ont été proposées dans le bureau du directeur de cabinet. « Vous n'avez pas d'autre choix que de dire oui. »

La stratégie de séduction dépasse le simple cadre professionnel. Les élus FN, adeptes des réseaux sociaux, demandent les employés en amis Facebook. Beaucoup acceptent, se sentant valorisés ou n'osant pas refuser. Ils ignorent encore que cela fait partie du piège qui leur est tendu.

Isabelle, près de trois ans plus tard décrypte : « Très vite, la nouvelle municipalité a identifié les personnes qui n'avaient pas les mêmes opinions qu'eux. Dans tous les services, des personnes leur ont fait remonter ces infos. J'étais plutôt à gauche, je ne m'en suis jamais cachée. Avec du recul, je crois qu'ils se sont intéressés à

* Ces prénoms ont été modifiés à la demande des témoins.

moi au tout début pour montrer qu'ils ne faisaient pas de chasse aux sorcières. »

C'est en général Bruno Bilde, bras droit de Steeve Briois, qui fait la police des opinions. Dès les premiers mois, il convoque certains employés considérés comme un peu trop proches de l'opposition. En septembre 2014, Florence Binaisse, fille de l'ancien maire, se rend à la braderie de rentrée avec ses enfants. Elle achète quelques bricoles à une vieille connaissance qui est par ailleurs employée à la mairie. « On lui a ensuite reproché de parler à l'opposition ! » s'indigne-t-elle. Certains agents me confient en effet se sentir suspectés quand ils s'arrêtent dans la rue pour saluer Eugène Binaisse. D'autres me font des sourires gênés quand je les croise au marché, sans oser m'approcher. On cherche à nous enfermer dans des cases – employé d'un côté, élu d'opposition d'un autre – qui devraient dicter jusqu'à nos relations privées.

Les réseaux sociaux deviennent très vite l'instrument principal de la surveillance. Les faux pas sont traqués sur les profils personnels et dans les commentaires. Elisa*, mère de famille sans histoire qui travaille à la mairie depuis quinze ans et est très appréciée de ses collègues, a ainsi confié ses inquiétudes à un syndicaliste qui me raconte : « Bilde s'est un jour rendu dans son bureau et il a commencé : "M. le maire a reçu un mail avec en copie votre profil Facebook. Il est tombé de sa chaise. Vous aimez des pages comme 'Hénin-Beaumont est antifasciste' et des caricatures de Marine Le Pen."

Ils trouvent cela inconcevable d'avoir quelqu'un dans leur équipe qui ne pense pas comme eux. Un directeur l'appelle d'ailleurs en plaisantant "La gauchiste". Une fois, il lui sort même : "Après les fichés S, il y a les fichés G." »

Les cas similaires sont multiples… Florence Binaisse, épouse de mon collègue d'opposition divers gauche Geoffrey Gorillot, me raconte encore : « Pendant un conseil municipal, Geoffrey a mis un commentaire qu'une employée municipale a aimé. Eh bien en direct, Bilde a envoyé un message à sa chef de service qui l'a rappelée à l'ordre : "Tu viens de mettre un 'j'aime', Bilde m'a déjà appelée, tu vas te faire convoquer, enlève-le tout de suite." Une autre fois, une employé a 'liké' une photo de Geoffrey et moi, bien habillés, à un mariage, qui n'avait absolument rien de politique. Elle a reçu les mêmes types de reproches. » Flippant !

Des employés sont ainsi enrôlés dans le dispositif de contrôle, alors que dès le début du mandat, un certain nombre de cadres rétifs décident de quitter la mairie. L'un d'entre eux résumera cette décision difficile : « Soit je partais, soit je partais en dépression. » C'est Mathieu Dujardin qui ouvre le bal. Ce directeur de la Cohésion sociale en fait état dès le jour suivant l'élection dans *La Gazette des communes* : « Je ne me vois pas en capacité de porter une politique que je n'approuve pas. » La défaite est amère : « Je travaillais sur la lutte contre les discriminations, la lutte contre la pauvreté, l'émancipation des quartiers populaires. J'enlevais le sédiment sur lequel ils cultivent le populisme. On a manqué de temps, leur victoire était un crève-cœur. En même temps, le FN n'est pas arrivé par un putsch, la population a choisi. Je voulais être fidèle à la démocratie mais aussi à ce que je suis. Pour moi, c'était facile de partir, j'étais en détachement. Pour d'autres, c'est plus compliqué de trouver un poste ailleurs. » La majorité de l'équipe de direction, qui s'est mobilisée aux côtés d'Eugène Binaisse, quitte progressivement ses fonctions, certains de leur propre chef, d'autres poussés vers la sortie. Le Front national a anticipé de potentielles difficultés à recruter. Dès juillet 2013, il a lancé un appel « aux fonctionnaires titulaires de catégorie A et B des administrations territoriales, de l'État ou hospitalière » prêts à s'investir dans les villes qu'il espère conquérir en 2014. L'appel à l'aide, publié dans la *Gazette des communes*, précise : « Il nous faudra remettre en ordre des administrations pas forcément hostiles, mais perverties et désabusées par des politiciens usés. » Les candidats étaient alors invités à envoyer leur CV à celui qui était à l'époque secrétaire général du Front : un certain… Steeve Briois.

Une cohorte de nouvelles têtes apparaît en mairie. Elles présentent l'avantage indéniable d'avoir choisi d'être là. Dès le début du mandat, Anthony Garénaux, conseiller municipal FN à Harnes, officie directement auprès du maire en tant que chef de cabinet. François Vial, Parisien parachuté par le FN dans la ville voisine d'Oignies où il est élu d'opposition, prend la tête du service de la communication en septembre 2014. Emmanuel Rignaux, élu d'opposition FN à Montigny-en-Gohelle, est recruté au courrier en avril 2016.

Le FN parvient en quelques mois à tisser sa toile et quadriller tous les étages avec des « gens de confiance ». « Des taupes », glissent certains. « Des vrais kapos », surenchérissent d'autres. L'espionnage ne cherche pas à être discret, bien au contraire. Les agents doivent se sentir surveillés. Une ancienne responsable de service qui a quitté la mairie en 2015 : « Ils se sont arrangés pour avoir des yeux et des oreilles dans tous les services. Dans le mien, on m'a imposé des agents encartés pour écouter, relater tout ce qu'il se passait. » Lauranne, ancienne cadre, se souvient s'être rendue un jour dans un autre bâtiment que le sien pour terminer un projet. Le lendemain, sa responsable la rappelle à l'ordre. « Elle me dit : "Est-ce que tu peux me justifier professionnellement qu'on t'ait vue entrer dans ce bureau pendant tes horaires de travail ?" Chaque jour, je gardais ça en tête, je savais que tous mes déplacements étaient surveillés : le règne de la délation avait débuté. »

Au service des ressources humaines, les nouvelles embauches font sourire : « C'est quand même beaucoup les copains ou les copains des copains. Christophe Meurisse, par exemple, qui a pris la tête du pôle Entreprendre, connaît Laurent Brice, son adjoint de référence, depuis bien longtemps. » Un recrutement récent au pôle Citoyenneté attire particulièrement l'attention des syndicats: un jeune titulaire du BAFA s'est installé dans le bureau de Christopher Szczurek, adjoint à la vie culturelle, associative et citoyenne, sans qu'aucune offre de poste ait été portée à la connaissance de ses collègues. L'un d'eux précise: « Bon, on sait que c'est un pote de Christopher Szczurek. Il n'a jamais été présenté à ceux qui travaillent dans le service. On n'a jamais vraiment su quelles étaient ses missions. On pense qu'ils vont le faire passer directeur dès qu'ils pourront. »

Sous Gérard Dalongeville, l'embauche de proches et d'alliés était déjà monnaie courante. Mais ce que les employés reprochent à Steeve Briois, c'est de pratiquer le copinage au détriment des Héninois. L'un d'eux s'amuse: « Tu connais la thèse du FN sur le grand remplacement [prétendant que les Français seraient sur le point d'être évincés par des peuples non européens] ? Ben ici, ils l'appliquent… mais à nous: ils remplacent progressivement les agents d'Hénin par des gens encartés ou très proches du FN. Ils font exactement ce qu'ils dénoncent. » Marine Le Pen avait formulé en octobre 2011, face au *Grand Jury* RTL-LCI-*Le Figaro* un plaidoyer en faveur d'une réduction « massive » de la fonction publique territoriale, fustigeant les « seigneurs des régions », qui ont des « cours », et blâmant un pays en proie à la « féodalité ». Faites ce que je dis, pas ce que je fais…

Édouard Blanc a fait partie de cette vague d'arrivées. Ce jeune diplômé, détenteur du certificat d'aptitude à la profession d'avocat et de deux masters en droit public des facultés de Nanterre et d'Assas, a pris en septembre 2014 la fonction de directeur du service juridique de la mairie d'Hénin-Beaumont. Il dit n'avoir jamais totalement épousé les thèses du FN mais ne les a pas non plus fuies. Il s'en est rapproché à la fac, par l'intermédiaire d'Audace, collectif de jeunes actifs affiliés au Rassemblement bleu marine. Avant cet engagement, il avait plutôt fait ses classes dans « les milieux gauchistes », « jeté des œufs contre le FN au 1er Mai, adolescent » et voté François Hollande en 2012. « Quand j'ai compris que ses copains étaient les banquiers, je me suis senti trahi. Je voulais que le système saute et qu'on reparte sur de bonnes bases », dit-il. En septembre 2014, lorsqu'Antoine Mellies, assistant parlementaire de Steeve Briois, l'appelle pour lui signaler qu'un poste s'ouvre à Hénin, il saisit sa chance. Il débarque dans une ville où il ne connaît personne. Mais avec la municipalité FN, l'osmose sera de courte durée. Le jeune homme va déchanter : peu à peu il découvre des méthodes qu'il désapprouve.

Avec des mouchards en poste à tous les étages, le maire et son fidèle acolyte, Bruno Bilde, espèrent pouvoir épier tous les employés. Ceux-ci commencent à se méfier les uns des autres dans un mélange d'angoisse et de honte. Ils se mettent à regarder leur téléphone et leur ordinateur avec toujours plus de suspicion. Le climat est étouffant, la psychose prospère. Des histoires de plus en plus folles commencent à circuler. L'un ne reconnaît pas son interface et apprend auprès de ses collègues que son ordinateur a été « emprunté » en son absence par des gars qu'ils ne connaissaient pas. Une autre, responsable de service qui a quitté la mairie en 2015 comprend qu'elle ne peut plus recevoir d'e-mails venant de l'extérieur de la mairie : « Je m'en suis rendu compte parce que la mission locale n'avait pas de réponses à une demande et a fini par m'appeler. Quand j'ai posé la question au service Informatique, ils m'ont dit qu'il n'y avait pas de souci particulier et que c'était juste "une case qui s'était décochée" de leur côté. Mais bon, une case, ça ne se décoche pas tout seul... »

Les preuves d'une surveillance discrète semblent être disséminées à dessein, comme pour suggérer à chacun de se tenir à carreau. Paranoïa ? Espionnage généralisé ? Un avocat s'est penché sur le fonctionnement de la mairie pour assurer la défense d'un employé : « L'essentiel est que les agents croient que c'est possible. Rien n'est fait pour faire taire les légendes. Bruno Bilde semble même éprouver un malin plaisir à surjouer les *bad boys.* »

À cette époque, Marc*, directeur du service Informatique voit régulièrement des gens inquiets débouler dans son bureau : « Est-ce que mes e-mails peuvent être lus ? – Est-ce que les téléphones portables sont sur écoute ? Géolocalisables ? – Est-ce qu'on peut voir ce qu'il se passe sur nos écrans ? » À toutes ces questions Marc répond que « techniquement, c'est possible ». Il ne peut se prononcer sur l'effectivité de ces contrôles pour une raison bien simple : il a très rapidement été écarté du processus décisionnel. À la mairie depuis quinze ans, cet homme, considéré comme chaleureux et bienveillant, est connu de tous. Et pour cause, sa fonction veut qu'il se déplace de bureau en bureau dès qu'on l'appelle pour une panne. Quand Bruno Bilde vient lui demander de faire des rapports sur l'utilisation d'internet par les agents de la commune, il s'y oppose : « Je n'en voyais pas le sens puisqu'une solution de filtrage était déjà présente. J'ai refusé dès le départ afin d'éviter d'éventuelles déviances. » On lui retire alors toutes ses habilitations. En 2015, les employés finissent par signer une charte informatique, comme il en existe dans d'autres entreprises, qui stipule que l'employeur peut consulter le contenu des recherches.

Un jour, Édouard Blanc revient d'une audience au tribunal administratif avec un collègue du service Informatique. Sur le trajet, celui-ci lui confie, sur le ton de l'étonnement, qu'il a été sollicité par Bruno Bilde : ce dernier projetait d'utiliser le téléphone fixe de Franck Gluszak, directeur de l'accueil du public, pour espionner tout ce qui pouvait se dire dans son bureau. Sa cible est tout sauf un hasard : Franck Gluszak est membre du bureau de la CGT, et discute régulièrement dans cette pièce avec René Gobert, secrétaire général de la CGT des territoriaux, et un autre syndicaliste. Le plan machiavélique tombe heureusement à l'eau : « L'agent du service informatique lui a répondu que son projet n'était pas réalisable. »

Mais ce n'est que partie remise. En janvier 2016, la municipalité finit par faire installer des caméras de vidéosurveillance dans l'hôtel de ville. Lorsque l'information est révélée, un mois plus tard, par *La Voix du Nord*, une polémique éclate. Sont-elles là pour « surveiller les travailleurs » ? Permettent-elles de zoomer ? De voir ce que les agents tapent sur leurs écrans ? Enregistrent-elles les conversations ? Les salariés ont mille questions. Ils craignent pour leur liberté. Steeve Briois préfère attaquer le journal en diffamation, tout en expliquant que les caméras ne zooment pas, ne sont pas pourvues de micro, et de toute façon ne sont pas encore branchées. Édouard Blanc, alors directeur des Affaires juridiques : « Bien que cadre à l'époque, je n'ai aucunement participé à ce projet. J'en ai découvert l'existence le jour de l'installation, à l'instar de la quasi-totalité du personnel communal et même de certains adjoints. Il n'y a eu aucune communication en amont. Les règles du Code de la sécurité intérieure, indiquant la procédure d'autorisation préfectorale préalable, n'ont pas été respectées. Il m'a été indiqué par M. Anthony Garénaux, chef de cabinet du maire, qu'il s'agissait d'une initiative de M. Bruno Bilde. Ce jour-là, il régnait un climat de suspicion généralisée. Des agents de nombreux services m'ont interrogé mais j'étais incapable de les informer. » Le FN a beau expliquer qu'il agit pour protéger les agents d'une possible menace, j'y vois surtout une forme de violence psychologique : branchées ou non, les caméras induisent une pression permanente qui n'a rien de fortuit. Quoi que vous fassiez, vous vous dites « Bruno Bilde *is watching you* ».

Du haut de sa tour de guet, l'adjoint aux affaires générales garde un œil sur tout. Et il ne se gêne pas pour le faire savoir : ses rappels à l'ordre ne cherchent même plus à être discrets. Au cours de l'été 2016, peu après les attentats de Nice, j'écris un post de blog sur le marché aux puces. Une fouille des sacs était organisée à l'entrée alors qu'à l'intérieur se trouvait un énorme stand d'armes. Je souligne la contradiction dans un billet ironique diffusé sur Facebook. Quelques heures plus tard, Elisa commente en écrivant : « Effectivement c'est contradictoire. » Je ne relève même pas : je ne la connais pas, j'ignore qu'elle est employée municipale, et son message se noie dans la masse de commentaires du même genre. De son côté, les choses prennent des proportions inattendues : alors qu'elle est sur la route des vacances, elle reçoit une salve de textos inquisiteurs de la part de Bruno Bilde. Le syndicaliste qui m'en informe plus tard en a fait constater le contenu par huissier « pour protéger la collègue ».

Bruno Bilde. – Ça vous dérange pas de diffamer la mairie qui vous paye alors que nous ne pouvons pas interdire un stand qui relève exclusivement de l'association qui organise ? Tout est bon pour nous salir et au diable le devoir de réserve. Vos propos publics sont inadmissibles.

Elisa. – Arrêtez de croire que je vous attaque, on parle d'un marché aux puces organisé par une association qui prend avec votre aide des dispositions pour davantage de sécurité, mais qui accepte ce genre de stand… donc oui j'ai encore le droit de penser que cela paraît contradictoire. Je suis désolée si vous imaginez que je critique tout le temps la municipalité car c'est totalement faux.

B. B. – Le post de Tondelier ne critique pas l'association mais uniquement et à tort la mairie. Vous répondez qu'effectivement c'est contradictoire.

E. – Vous interprétez mal cette publication.

B. B. – Le maire appréciera souverainement.

E. – Je lui répondrai la même chose, j'accepte de le rencontrer pour éclaircir cela sans souci.

B. B. – En attendant je vous laisse méditer ce vieux proverbe : on ne mord pas la main qui vous nourrit.

Cette volonté d'avoir prise sur les opinions est scandaleuse. Un avocat défend plusieurs agents en contentieux administratifs : « Donner des instructions même orales à des agents pour leur interdire de "liker" telle ou telle page Facebook est une intrusion dans leur vie privée. L'agent fait ce qu'il veut sur un profil personnel. La comparaison avec d'autres lieux de travail est assez éclairante : en droit social, on ne concevrait pas que la direction de Renaud interdise à un employé d'aimer une page Peugeot. Ici, ce n'est pas parce que ce sont des agents de la fonction publique qu'ils doivent dire "amen" à tout. Ils ont aussi le droit d'avoir une vie privée et une opinion. »

Cette surveillance généralisée a des conséquences attristantes sur les relations humaines. Un agent : « Comme on ne sait plus à qui on peut faire confiance, plus personne ne se livre. » L'ambiance au travail en est durablement affectée. Un cadre : « Plus personne ne ramène de croissants le matin. L'état d'esprit a changé. »

Un autre agent : « On est toujours dans le doute. Est-ce que la personne avec qui tu as travaillé pendant six mois est maintenant au FN ? Je considère que j'ai seulement deux ou trois personnes vraiment de confiance et encore, je ne leur parle pas au travail. » Se mettre au pas ouvre certaines perspectives de carrière. Un employé témoigne : « Ici, y en a qui vont tellement tout le temps dans le sens du vent qu'on les appelle les chars à voile. »

8

Dimanche 1er mai 2016. Émoi chez les syndicalistes territoriaux de la mairie d'Hénin-Beaumont. Steeve Briois vient purement et simplement d'annuler, sans la reprogrammer, la remise des cahiers de doléances, qui s'était pourtant si bien passée en 2014. Cette nouvelle, ils l'ont apprise au dernier moment par un courrier du maire daté du 22 avril, prétextant mystérieusement « qu'un syndicat ne peut être présent »... sans que personne soit capable d'identifier lequel. Son courrier propose par ailleurs « de réfléchir pour l'année [suivante] à une rencontre la veille du 1er Mai, ou à toute autre suggestion ». La missive révèle un climat plus que tendu en mairie où les contentieux entre agents et municipalité se multiplient. Steeve Briois préfère esquiver la confrontation et participer avec ses adjoints au « banquet républicain » organisé par Marine Le Pen à Paris. Tout un symbole, que Joël Wasteels, secrétaire de l'union locale Force ouvrière d'Hénin-Beaumont, ne semble pas goûter. Sa réponse est sans équivoque : « Faut-il vous rappeler que même sous le régime de Vichy, pendant la seconde guerre mondiale, le 1er Mai a toujours été respecté […] ? […] Concernant votre intention de reporter la cérémonie du 1er mai 2017 à un autre jour, sachez que nous nous y opposons fermement. » Elle est loin, la concorde de façade du 1er mai 2014 !

L'ambiance, dépeinte comme idyllique en début de mandat, s'est rapidement dégradée. À peine nommé, Édouard Blanc, directeur des Affaires juridiques, qui avait pourtant rejoint la ville avec un a priori favorable, assiste à des scènes perturbantes, réservées à un cercle restreint. Il a plusieurs fois l'occasion de participer à un étrange rituel qui a lieu tôt le matin dans le bureau du DGS Laurent Morel : « En général sont présents Bruno Bilde et le dir' cab', Gérard Moisan, parfois Anthony Garénaux, le chef de cabinet du maire, et quelques autres élus au fur et à mesure de leurs arrivées. Le but officiel de la réunion est de préparer la journée. La discussion commence par deux ou trois blagues sur le programme télé de la veille mais surtout par une belle session de foutage de gueule des agents. Assez vite, je comprends que l'"humour" est plus valorisé que les compétences. J'assiste à des attaques personnelles, sur le physique principalement, mais aussi sur la supposée idiotie des gens. Le DGS parodie l'ancien directeur adjoint du Service général et l'ancienne directrice des Affaires juridiques à la façon de Cyrano de Bergerac. Anthony Garénaux, lui, imite la démarche de mon assistante – elle a un problème de croissance, le dos un peu courbé – et ses intonations. Parfois, ce sont les habitants qui y passent, ils sont traités d'alcooliques ou de cas sociaux. Les gens ne peuvent pas imaginer ce qui est dit. C'était très choquant d'assister à ce petit défouloir. » Encore en odeur de sainteté, Édouard Blanc a aussi le privilège de participer aux « RED » les « réunions de direction », du même acabit : « Là aussi les moqueries sont de rigueur. Le bouc émissaire pendant la période où j'y assiste est un ancien de l'équipe Binaisse chargé de mission auprès du DGS, parce qu'il met du temps à expliquer les choses à l'oral. Devant tout le monde, ils lui reprochent des mails trop longs, avec trop de gens en copie. Au lieu d'avancer sur l'ordre du jour de la réunion, comprendre ce qui ne fonctionne pas, on peut passer quinze minutes à le basher. Tout le monde s'y met. »

Isabelle, urbaniste qui travaille à la direction de l'Aménagement du territoire, constate elle aussi rapidement que le projet social du FN n'est qu'un vernis de surface : « Un jour, au cours d'une réunion, j'explique qu'il faut faire des logements à destination de tous les publics, y compris les plus pauvres. On m'a répondu : "Des cas sociaux, il y en a suffisamment à Hénin. Il faut faire venir des gens plus aisés maintenant." Malheureusement, ce n'est pas la seule fois où je les entendus traiter les habitants de "cas soc". Ils sont beaucoup plus méprisants qu'ils ne le paraissent. » Isabelle se sent démunie : « J'ai même entendu élus et cadres se moquer du physique des agents, appeler une collègue “grosse vache“. Je ne pouvais rien dire. J'étais prise dans un engrenage, je me demandais ce que je faisais là, mais que faire ? »

Un soir, Eric, Lauranne et Mathieu, trois anciens cadres, me racontent à trois voix à quel point résister est devenu difficile : « Tout ce qu'on peut essayer de leur opposer rationnellement ne marche pas : on est sectaire ou de parti pris. Si vous cherchez à faire valoir vos droits, on va commencer à vous faire les pires difficultés. Ils tiennent toujours une ficelle. Ils jouent avec les titularisations pour chercher à nous intimider et à nous pousser à la faute. Leur crédo, c'est de diviser pour mieux régner. »

Ne reste que la peur. Celle qui prend aux tripes, inquiète, muselle les agents de la mairie. Un sentiment diffus, désagréable, qui hante les bureaux, traîne dans un coin de la tête, vous poursuit chez vous. Peur d'être harcelé. Peur d'en payer les conséquences. Même ceux qui ont quitté la mairie depuis plusieurs mois ont du mal à s'en défaire : « Sitôt qu'on en reparle, on ressent une montée de stress, je le fais parce qu'il faut que ça se sache. – On ne peut pas les laisser gagner en se taisant… par solidarité avec certains de mes anciens collègues. »

Au fil des témoignages, je comprends que l'art de l'intimidation est surtout pratiqué par trois hommes : Gérard

Moisan, le nouveau directeur de cabinet, Laurent Morel, le directeur des services et l'adjoint Bruno Bilde.

Le premier, Gérard Moisan, a travaillé comme cadre dans plusieurs collectivités d'Île-de-France avant d'être suspendu en 2012 dans des circonstances opaques et de quitter la fonction publique territoriale brutalement. Au fil des discussions, je découvre une personnalité que je n'avais pas soupçonnée. Éric, ancien responsable du pôle aménagement, complète le tableau : « Quand il a décidé de se mettre sur moi, il m'appelait tous les jours pendant un mois et demi pour me dire que je ne savais pas gérer mes dossiers. Il n'était pas rare que les agents soient convoqués dans son bureau pour alimenter des dossiers à charge. Il demandait systématiquement aux membres de mon équipe comment me prendre en défaut. Il a instauré un management de la terreur. »

Laurent Morel a le rôle de chef d'orchestre de l'Hôtel de Ville. Juriste de formation, il a débarqué accompagné de sa femme, à laquelle on trouve *illico* un poste en mairie. Il n'a pas l'air méchant au premier abord, on le décrit comme plutôt effacé, suiveur… tout en précisant qu'il faut tout de même mieux ne pas avoir affaire à lui. Un agent raconte notamment : « Morel une fois m'a chopée dans son bureau et m'a accusée de donner des infos à l'opposition. C'était une façon de m'intimider. De prêcher le faux pour savoir le vrai. » Une autre, qui a changé de boulot depuis, témoigne : « Il y avait une forme de harcèlement moral constant. À peine quatre jours après son arrivée, Morel me pourrissait déjà par téléphone. Pour la première fois de ma vie j'ai craqué au travail, en larmes. »

Mais la peur bleue des agents municipaux, c'est surtout Bruno Bilde. Certains soulignent, à moitié amusés, à moitié inquiets : « Dans les réunions on sent qu'il est agité. Il ne reste pas en place : il sort, il rentre, il sort, il rentre. Il nous donne le tournis. » D'autres témoignages sont beaucoup plus inquiétants. Un syndicaliste : « C'est lui, le manipulateur, il crie un coup, tout le monde se couche par terre, tout le monde fait profil bas devant lui. Même au FN ! » Une de ses collègues remarque qu'« il aime se donner un genre *bad cop* en commençant par "si ça ne tenait qu'à moi", genre je suis le plus méchant, je suis content, mais les autres ont pitié de vous alors… » Dans les services les gens disent : « Bilde, rien qu'on le voit arriver on se méfie, on lui parle surtout pas, même on l'approche pas : on sait de quoi il est capable. Il n'y a que les cartés et les sympathisants FN qui discutent avec lui comme si c'était leur grand copain. »

Doucement, sournoisement, l'étau se resserre autour des personnes récalcitrantes. La technique est toujours la même : engager une procédure au premier faux pas, menacer de sanctions et maintenir la pression en permanence. Jusqu'à ce que la personne rentre dans le rang. Ou s'en aille de son propre chef.

Isabelle a senti le vent tourner après l'arrivée d'un jeune directeur à la tête de sa direction : « Je me suis vite rendue compte de ses lacunes. Il n'avait que quelques notions approximatives d'urbanisme, *idem* en management.

Il se présentait comme le fils spirituel du directeur de cabinet, Gérard Moisan, et était là pour nous cadrer. » L'ambiance dégénère.

« Au début, ils m'avaient dit : "Il y a les chevaux de courses et l'abattoir. Vous êtes les chevaux de courses, les autres sont l'abattoir." Je restais stoïque mais ces propos me révoltaient. Puis le vent a tourné. Des chevaux de course, je suis passée à l'abattoir. On m'a demandé de ne plus adresser la parole à telle ou telle personne. Gérard Moisan m'a appelée sur mon portable personnel pendant j'étais en arrêt maladie pour me demander de reprendre le travail au plus vite. À mon retour, c'est reparti de plus belle. Mon bureau était couvert de dossiers. Mon directeur m'a assommée de travail. » Isabelle, consciente des dysfonctionnements, en avertit les élus par écrit. Cette audace lui est vite reprochée. « Suite à mes courriers, la directrice des Ressources humaines a qualifié mon comportement de subversif. Elle m'a dit que c'était le dernier rappel à l'ordre avant sanctions alors qu'il n'y en avait pas eu auparavant. Je ne pouvais plus rien dire, le directeur m'humiliait auprès de mes collègues dès qu'il le pouvait. À un moment donné, on n'avait plus le droit de fermer la porte du bureau pour s'isoler du bruit. Quand j'enlevais la cale qu'il mettait dans l'embrasure, il la replaçait aussitôt. C'était très malsain. » La suite est une descente aux enfers. Stress, angoisse, arrêt maladie. Les pompiers se déplacent plusieurs fois, chez elle, mais aussi sur son lieu de travail sans que sa hiérarchie semble s'en inquiéter. « Un jour où mon directeur est arrivé après les secouristes, il a dit aux gens du service de dégager, sous-entendant que j'en rajoutais et qu'il n'y avait pas lieu de s'inquiéter. » Plusieurs médecins insistent : Isabelle subit trop de pression. À l'hôpital, on lui diagnostique même un état de stress post-traumatique. « J'ai repris le travail trop tôt. Je me sentais coupable de ne pas y aller, j'étais persuadée que le problème c'était moi. Ils m'ont démolie en un temps record. » Sa famille, impuissante et en colère, la voit sombrer. « Bruno Bilde m'ignorait totalement. Ils ont fini par me mépriser. » Je me souviens d'un rendez-vous avec Steeve Briois, Bruno Bilde et la DRH. Au lieu de m'écouter, ils ont tenté de me déstabiliser. Il y a un témoin de l'échange, mon représentant syndical, René Gobert, qui a conclu cette entrevue par "quand on veut tuer son chien on dit qu'il a la rage". » Isabelle finit par être affectée à un autre service puis mise au placard. Elle en profite pour passer des concours, qu'elle réussit. Sa porte de sortie. Dans la nouvelle municipalité qu'elle a intégrée, elle se reconstruit doucement et redécouvre la bienveillance au travail. Un temps, elle a pensé porter plainte puis a préféré tourner la page.

Édouard Blanc, ancien directeur des Affaires juridiques, comprend peu à peu que le système ne correspond pas du tout au changement dont il a rêvé lorsqu'il a rejoint le collectif Audace, pendant ses études, puis la mairie d'Hénin. Les humiliations se multiplient sous ses yeux. Il voit la politique du bouc émissaire se systématiser, quasiment érigée en mode de gestion par les responsables : « Il faut à chaque erreur ou imprécision désigner celui qui subira les quolibets ou les pressions de la part de l'autorité, jamais responsable et ne se préoccupant que vaguement de la conception des projets afin d'en laisser peser toute la responsabilité sur l'administrateur. J'ai assisté un jour à une conversation où Gérard Moisan expliquait au jeune directeur de la DAT [le supérieur hiérarchique d'Isabelle] comment diriger une équipe : “Tu vois, il faut les laisser décider, comme ça toi…” Il sous-entendait, d'une part, qu'en laissant agir ses subordonnés un directeur n'avait rien à faire, et, d'autre part, qu'il ne pouvait ainsi être tenu pour réellement responsable en cas d'erreur ou d'imprévu. »

La pression permanente fait des ravages sur ceux qui se retrouvent dans le collimateur. « J'en faisais des cauchemars, j'allais travailler la peur au ventre. On était plusieurs dans ce cas. J'étais si stressé que j'avais peur de faire des erreurs au travail. » Marc, le fameux directeur du service Informatique qui a refusé de faire des rapports sur l'utilisation d'internet, me raconte son histoire au téléphone après avoir hésité à m'appeler pendant plusieurs semaines. Son refus de fliquer les agents, il l'a payé chèrement. Marc sent qu'il est mis de côté et a la sensation d'être poussé à la faute : « On me disait de faire blanc, je faisais blanc, puis on me le reprochait. Je ne savais plus quoi faire pour qu'ils soient satisfaits de mon travail. J'ai été pisté dans ma propre équipe, par exemple, si je disais que j'allais au service des marchés publics, il y avait un coup de fil là-bas pour vérifier si j'y étais bien. Plusieurs fois, mon futur successeur est missionné à ma place sans que j'en sois averti. Bruno Bilde m'a mis un blâme parce que j'avais renouvelé l'antivirus sans appel d'offres public. "Vous essayez de me rouler dans la farine, j'en ai assez de vos histoires", a-t-il dit. Ensuite, quand j'ai fait changer les photocopieurs, il m'a menacé de me coller six mois de mise à pied pour un détail dans l'appel d'offres. » Le directeur comprend qu'il vaut mieux partir. Le poste qu'il occupe depuis cinq ans est stratégique et la hiérarchie souhaite y placer un homme plus obéissant. Sa demande de mutation à la caisse des écoles est acceptée sans difficultés. Le départ est douloureux. L'homme aime son équipe. Beaucoup trouvent le traitement « dégueulasse », quelques-uns sont en pleurs « Le jour où j'ai déménagé, alors que j'avais chargé tous mes cartons dans une voiture, Moisan a débarqué en furie. Il demande à mon successeur de fouiller mes affaires, ce qu'il refuse. Alors de lui-même, il ouvre le coffre, en sort une lampe de bureau et une chaîne hi-fi pour vérifier si ça m'appartenait bien personnellement. Evidemment, ça m'appartenait bien personnellement. » Dans sa nouvelle affectation, on ne lui donne pas grand-chose à faire et il finit par trouver un job ailleurs. « Tout ça me rend triste, j'aimais mon travail. J'avais fait plein de formations sur la gestion du personnel, la conduite de projets et la connaissance de soi, j'avais à cœur de bien m'occuper de mon équipe.

J'ai quand même beaucoup perdu en responsabilités! Toute cette histoire a changé mon rapport aux gens. Je me suis renfermé et je ne fais plus confiance. Ça a fait aussi beaucoup de mal à ma famille. »

Parmi les méthodes qui déstabilisent les agents, il y a les déménagements qui se sont multipliés dès les premiers temps du mandat, pour ne jamais cesser. Officiellement, il s'agit de simples « remises en cohérence ». Si les agents y ont un temps cru, ils finissent par comprendre qu'on cherche surtout à saper les équipes et rebattre les cartes des complicités au sein des services. Édouard Blanc, s'en souvient : « Il m'est arrivé de voir débarquer le DGS Gérard Moisan et Bruno Bilde à 9 heures pour me signifier que le service entier déménageait au troisième étage et trente minutes plus tard les services techniques y procédaient. Aucune concertation, aucune participation, en dépit des règles statutaires applicables en la matière, n'avait éclairé la décision. Et ma nouvelle place était on ne peut plus humiliante : entre le placard à balais et les toilettes. Quelques mois plus tard, le service retournait à son emplacement d'origine. Comme par hasard, c'était le jour de mon départ de la mairie. » Les changements inopinés ne concernent d'ailleurs pas que l'organisation spatiale de la mairie : « Ils changent aussi nos affectations, refont nos fiches de poste. Tout est fait pour nous déboussoler et casser le peu de confiance qu'il reste en nous. » Un syndicaliste, contacté par Elisa après une mutation sans préavis : « La veille du déménagement de son service, Elisa, dans le collimateur depuis un moment, se voit convoquer par la DRH. On lui propose de changer de service et on lui fait savoir que ce serait bien qu'elle donne une réponse rapide pour éviter d'avoir à déménager deux fois ses affaires. » La jeune femme n'a pas eu le temps d'accepter ou de refuser la proposition d'affectation : le lendemain, le service tout entier a déménagé… sauf elle. « Un soir, alors que sa nouvelle collègue quittait le bureau de son nouveau service, Bruno Bilde est entré dans la pièce et a fermé derrière lui : "C'est un beau placard doré, ils ont été trop gentils avec vous." Il lui a même reproché d'avoir un autocollant "Défendons la République Résistons !" sur un casier à roulettes en métal… alors qu'elle avait récupéré le meuble en l'état. »

Édouard Blanc se voit, lui, de plus en plus fréquemment reprocher ses amitiés. « J'ai eu une histoire avec une employée. Le DGS s'est moqué de moi devant nos collègues parce que j'étais le directeur des Affaires juridiques et elle n'était "que" catégorie C. J'ai trouvé cela insupportable. Je sais que le directeur général des services, au cours d'un échange entre cadres, a qualifié notre relation d' "inadmissible dans un contexte professionnel", stipulant qu'elle "mettait en cause la qualité de servir". C'est étrange car des couples en mairie, ce n'est pas ce qui manque, y compris chez les élus et les cadres. Qu'ils osent prétendre, avec mépris, que les "affaires de cul" sont malvenues, c'est un peu gros. Ils n'ont pas renouvelé mon CDD et je suis finalement parti de manière très abrupte. Ce qui me rassure, c'est que mon remplaçant n'a pas tenu plus longtemps que moi. » Un an après son éviction, le constat reste amer : « Cette période a été dévastatrice, sur le plan personnel comme professionnel. [...] Après mon départ, Bruno Bilde a appelé une de mes amies pour lui dire que ce n'était pas bien qu'elle "like" mes publications. [...] On ordonne aux gens de se comporter de telle ou telle manière pour des raisons politiques. On les fanatise, on les culpabilise. La rationalité n'a plus aucune espèce d'importance. La politique devient un catéchisme. Ce qui est certain, c'est que le FN est devenu un parti comme les autres. La seule chose qui compte, c'est la communication. »

La lune de miel entre les organisations syndicales et la municipalité n'a pas duré non plus. De nombreux adhérents ont mis un terme à leurs activités militantes. Le secrétaire général, René Gobert raconte : « Bruno Bilde a ciblé les plus vulnérables, ils ont su repérer les faiblesses des uns et des autres. Au début, au bureau de la CGT, il y avait douze personnes. Un an après, il en restait six, aujourd'hui, seuls quelques-uns restent opérationnels. » Le service des ressources humaines fournit quelque explication à cette vague de départs : « Il y a par exemple cet agent de catégorie C qui a eu un concours niveau catégorie B. On lui a fait comprendre que s'il voulait être nommé en catégorie B il fallait qu'il arrête son mandat syndical. C'est bien sûr difficile pour moi de le prouver. Sauf que comme par hasard, pile le jour où il a démissionné du syndicat, on nous a demandé de le nommer. »

La bagarre débute véritablement avec la CGT lorsqu'un de ses membres avertit *La Voix du Nord* de l'installation des caméras de vidéosurveillance. On ne brise pas impunément la loi du silence ! René Gobert est alors pris pour cible. Tout semble ensuite fait pour le pousser à bout. La page Facebook anonyme « La Voie d'Hénin », dont je vous reparlerai plus tard, est utilisée pour le harceler. Le 18 avril 2016, un post tente de le faire sortir de ses gonds : « Pourquoi Gobert a-t-il été embauché à la mairie ? Car sa fille a été très dévouée auprès de Dalongeville ! » L'attaque a beau être basse, personnelle et insultante, elle est « likée » par trois élus, Nicolas Moreaux, Anthony Garénaux et Aurélia Beigneux, ainsi que par plusieurs employés. Récidive le 22 avril 2016 sur « La Voie d'Hénin » : « Attention au judas Gobert. Le représentant de la CGT ne vous défend pas. [...] Agents municipaux, ne vous laissez pas manipuler par cet opportuniste de René Gobert. C'est un menteur qui ne sait même pas écrire. » Les mêmes « aiment ». Un mois plus tard, Steeve Briois poursuit l'acharnement et écrit au secrétaire syndical pour lui imposer un changement d'affection : celui qui jusque-là officiait comme animateur à la maison de quartier de Darcy se voit proposer un poste d'agent d'entretien des locaux.

Le 7 juillet, les nerfs à vif, le syndicaliste poste sur son profil Facebook une réponse de mauvais goût : une photo de carabine à plomb accompagnée du statut « J'aurais pas tiré sur la police ni sur le GIGN ni sur la municipalité. j'aurais tiré sur deux cons en mairie ». Steeve Briois demande immédiatement sa révocation de la fonction publique et dépose une plainte contre lui au tribunal de grande instance. René Gobert est en arrêt depuis. Pour dépression.

Le jour de son audition par le conseil disciplinaire, le 4 décembre, son avocat plaide la provocation. Il semble qu'il ait été entendu puisque le coupable n'écope non pas d'une révocation, la sanction la plus lourde, mais d'un blâme, une sanction pour faute légère. Son avocat m'explique par téléphone : « Là où ils sont très malins, c'est que le cercle administratif et les décideurs de la commune ne portent jamais le glaive. Cela se fait en *off*, par exemple par le blog *La Voie d'Hénin*. La différence essentielle avec les autres mairies sur lesquelles j'ai travaillé, c'est qu'à Hénin-Beaumont, quel que soit le contentieux, on peut démontrer un véritable harcèlement et des insultes sur les réseaux sociaux. Ils disent qu'ils n'y sont pour rien mais c'est la seule mairie où ça se passe comme ça. Leur stratégie de conquête du pouvoir ne laisse rien au hasard. En cas de contentieux administratif, tout le monde est au courant, la toile s'enflamme. »

Le but est d'isoler l'agent visé. Ses collègues finissent par s'en éloigner, craignant qu'il n'apporte des problèmes puisqu'il est devenu une cible manifeste de leurs chefs. Dans le cas de René Gobert, cela fonctionne assez bien :

« Dès que les gens ont compris que j'étais surveillé, plus personne n'a voulu me parler en mairie. Mais on arrivait quand même à communiquer. Y a des trucs qui passent dans les poignées de main par exemple. Je sens des émotions, parfois même une forme de soutien. »

En plus des souffrances qu'il génère, cet acharnement est onéreux. Des méthodes d'investigations coûteuses sont déployées avec pour seule intention de « coincer » un agent incriminé. Du 3 mars au 27 juillet, la commune a ainsi fait établir cinq ou six volumineux constats d'huissier pour un montant estimé à plusieurs milliers d'euros. Au lieu d'ouvrir la discussion, de demander des explications sur un comportement inapproprié, les supérieurs hiérarchiques tissent patiemment une toile autour de leur proie, alimentant des mois durant un rapport à charge qui permettra de l'assommer. Ces procédés sont dangereux, malsains et contraires aux valeurs de la fonction publique.

René Gobert est le seul à être incriminé. D'autres subissent également les foudres des élus sans oser en parler. Les menaces de sanctions disciplinaires envoyées à domicile avec accusé de réception sont devenues une pratique courante.

Un jour où j'alerte sur l'état psychique des employés en conseil municipal et où je demande au maire d'être vigilant, Briois répond, désinvolte : « Les gens sont heureux de travailler avec nous ! Personne ne s'est encore suicidé ! » Tout va très bien, madame la marquise… Un cadre encore éberlué par la scène revient sur cet épisode : « Il s'est dépêché de passer au point suivant, mettant fin au débat de manière très abrupte. Tu semblais vraiment préoccupée. Ça nous a fait du bien de l'entendre. »

Certains, optimistes, se rassurent à leur manière, comme ce syndicaliste qui répète à qui veut l'entendre : « Le pouvoir d'un maire est éphémère. C'est comme une grande roue. Un jour t'es en haut, le lendemain tu peux être en bas… À Hénin on en sait quelque chose ! »

9

Élu d'opposition sans discontinuer de 1995 à 2014, Steeve Briois est un vieux routard des conseils municipaux. Au début du mandat, il a cherché à nous convaincre de ses bonnes intentions, annonçant avec un air affecté qu'il aurait à cœur de respecter les droits des élus d'opposition. En mars 2014, dans son discours d'investiture, il déclare même : « Je n'humilierai pas l'opposition comme j'ai été humilié moi-même. »

Je n'ai à aucun moment été dupe de ces prétendues bonnes résolutions. Mais, même avec beaucoup d'imagination, je n'aurais jamais imaginé un tel déferlement de violence.

Séance après séance, le maire laisse ses adjoints éructer et insulter, singer, intimider, houspiller, interrompre les élus d'opposition, parfois même il les y encourage ; il prend part à ces dérapages alors qu'il est censé les prévenir. Tout ce qui est dit et mis en scène en conseil a en fait deux objectifs. Le premier : humilier l'opposition ; le second : amuser un public presque intégralement acquis à la cause du maire, venu là comme il irait au cirque, pour rigoler un bon coup. Le public ? Cent cinquante à deux cents sympathisants du Front national, rameutés à grand renfort de textos ou d'e-mails – comme l'affirme Bruno Bilde à un journaliste du *Monde* en juin 2016 – ou encore d'annonces aguicheuses, comme ce jour où en quittant une rencontre d'une grosse association de la ville, une élue lance à la cantonade : « N'oubliez pas, demain, il y a conseil. On va bien se marrer, on va parler des migrants ! »

Le show est préparé avec un certain perfectionnisme. Les conseils municipaux ont pris à Hénin-Beaumont des airs de meetings FN.

Le salon d'honneur qui accueille tous les trois ou quatre mois le conseil municipal à des horaires de plus en plus improbables a quelque chose de magistral : tentures rouges, parquet en chêne, immense peinture de l'église d'Hénin-Liétard au Moyen-Âge. La disposition de l'espace a été minutieusement étudiée pour maximiser les deux objectifs précités. Les trente-cinq conseillers municipaux sont désormais installés en carré. Un temps cantonnée dans le fond de la salle, quasiment invisible et difficilement audible, l'opposition municipale est depuis le début de l'année 2015 placée dos au public, tout près du premier rang. Durant les moments houleux, nous pouvons presque en sentir le souffle déstabilisateur dans notre nuque. Cette position nous prive de toute interactivité avec l'assistance. Le maire et ses principaux adjoints font, eux, face au public, qui peut observer avec complicité leurs mimiques, leurs moqueries et leur suffisance.

Lors du conseil de la rentrée 2015, un molosse, inconnu au bataillon, posté juste derrière nous, passe la séance à crier « tais-toi » dès que quelqu'un de l'opposition s'exprime, usant aussi de termes plus colorés, comme le désormais traditionnel « socialope ». Je me retourne à plusieurs reprises pour lui intimer de me laisser intervenir en paix, sous l'œil rigolard de Steeve Briois. L'homme en question, vers la fin de la séance, nous expliquera fièrement en brandissant son pin's qu'il est aussi élu, FN bien sûr, à Outreau, à plus de 120 kilomètres. On vient de loin pour honorer le chef de file frontiste !

Dans ce petit théâtre politique, seuls quelques élus de la majorité semblent habilités à s'exprimer et monopolisent une parole souvent très agressive. Les rôles sont répartis à l'avance. Le sniper : Bruno Bilde. Omniprésent, il s'exprime quasiment sur chaque délibération, trépigne sur sa chaise pendant nos interventions, s'agite en permanence pour réclamer la parole. Éructe et cogne du poing, rit de ses propres blagues en s'écroulant sur sa table pour mieux susciter l'hilarité générale. Il peut mettre fin à n'importe quel débat en s'écriant : "Hoooonteux, hoooonteux, c'est hoooonteux, madame !". Sa spécialité ? Détourner l'attention en renvoyant à ce qu'il dit se passer ailleurs.

Il y a « vos amis de Courrières », « vos amis de Carvin », « vos amis de Rouvroy » – villes socialistes ou communistes de l'agglomération. Il use et abuse aussi du « vos amis du gouvernement », « votre ami Cazeneuve », « votre ami Valls » – plus c'est gros, plus ça passe.

L'homme a toujours en réserve une batterie d'expressions scatos destinées à faire se plier en deux le public : « Quand on veut grimper au cocotier, il faut avoir le cul propre, madame ! – Quand on crache contre le vent, il ne faut pas s'étonner de recevoir un mollard en pleine face – Quand vous étiez en place, vous vous torchiez avec les tribunes de l'opposition ! – Votre slip est sale, il est temps d'aller le nettoyer au pressing ! » C'est fleuri et imagé, déclamé sur un ton théâtral, appuyé de rictus et de grands gestes, tantôt ridicules, tantôt menaçants. Bruno Bilde a un culot monstre et manie l'outrance avec brio. Accapare la parole, parfois même sans prendre la peine de la demander au maire. Il provoque à tour de bras et attaque les élus de l'opposition sur leur vie privée. Si on lui répond, il nous ordonne de respecter la démocratie et d'arrêter de l'interrompre. Second couteau : Christopher Szczurek, le jeune président du groupe Front national. Il monte au créneau lorsque les autres sont mis en difficulté. Ce petit-fils d'immigrés polonais, qui s'est d'abord mobilisé contre l'arrivée de Le Pen au second tour de la présidentielle en 2002, pour finalement prendre sa carte du parti cinq ans plus tard, semble aujourd'hui prêt à assurer la relève. Le gentil garçon qui s'agace parfois lorsque Bruno Bilde en fait trop : Jean-Richard Sulzer, l'adjoint aux finances, professeur d'économie. Il vient glisser quelques mots réconfortants à la fin d'une séance pour ne pas rompre les relations diplomatiques. Un jour, alors que j'étais sortie pour une brève pause, je le croise dans le couloir. Il trouve qu'ils vont quand même un peu trop loin. Je lui réponds, agacée : « Ce n'est pas ici qu'il faut le dire, c'est là-bas », en indiquant la salle du conseil.

Les femmes, elles, ont très peu la parole. Aurélia Beigneux, l'extravagante adjointe aux affaires sociales, a droit à sa tribune anti-migrants une fois par an. Maryse Poulain, la discrète adjointe aux affaires scolaires, intervient à peu près aussi régulièrement. Le Front national, c'est une affaire d'hommes, sauf quand on s'appelle Le Pen. Cela me dérange, surtout lorsqu'on entend, par exemple, Maryse Poulain, une des plus anciennes militantes frontistes à Hénin et également une des plus courtoises, être souvent raillée par ses collègues. Un employé municipal qui a travaillé avec elle : « Elle nous fait mal au cœur, on voit qu'elle n'est pas logée à la même enseigne que les autres, alors qu'humainement elle vaut beaucoup plus qu'eux. Elle ne décide de rien, elle subit tout. » Le maire exemplaire, au-dessus de la mêlée, exclusivement préoccupé de l'intérêt général et du bien-être des Héninois : Steeve Briois. Enfin ! ça, c'est la théorie ! En pratique, il a bien du mal à retenir les coups. Il suffit souvent de quelques minutes pour que son masque avenant se fissure et laisse place à un visage autoritaire, empreint de méchanceté et de morgue.

En début du mandat, on le sentait destabilisé par son nouveau rôle, sur la retenue, mal à l'aise dans ses rigides souliers de maire, appesanti par les responsabilités et comme nostalgique de son ancienne fonction de conseiller municipal d'opposition. Il peut avoir des mots très durs en conseil. Jugez par vous-même : « Vous êtes dingues, vous êtes complètement fous ! – Vous agissez comme des intégristes religieux ! – Des triples zéros, voilà ce qu'est l'opposition aujourd'hui à Hénin-Beaumont ! » À Eugène Binaisse qui réclame la parole : « Votre nom, c'est quoi déjà ? » Ou encore : « Vous avez pollué le débat. » À mon collègue socialiste Stéphane Filipovich : « Vous êtes au niveau du caniveau ! – Vos arguments sont stupides ! – Vous êtes la honte de la ville ! – Vous êtes un inculte ! – Arrêtez vos mensonges et vos délires ! » À moi : « Khmer vert ! – Vous voulez qu'on vive dans une grotte avec des chandelles ! – Allez consulter à Charlon [hôpital local réputé pour son service de psychiatrie]. »

Nos prises de paroles sont rarement respectées. Quand les propos dérangent le maire, il nous interrompt, et coupe même notre micro à partir de son fauteuil. Il refuse de nous donner la parole, prétexte que le groupe d'opposition l'a « suffisamment » eue, nous obligeant alors à lui rappeler les textes de loi qui garantissent notre droit à intervenir. Un parfait petit autocrate qui accompagne son geste de sentences sans appel : « C'est moi qui préside et je décide à qui je veux donner la parole. – Si vous ne respectez pas votre temps de parole, à l'avenir, ce sera la porte ! » Bruno Bilde, lui, peut intervenir à tout bout de champ, plusieurs fois par délibération s'il le souhaite, et se lancer dans des élucubrations sur la vie privée d'un élu d'opposition ou sur la supposée incompétence d'un autre. Il arrive que même Steeve Briois s'en agace en le rappelant à l'ordre : « Attends un peu ton tour, Bruno. »

Au cours d'une séance relative au vote du budget, qui dure jusqu'à minuit, en avril 2015, le maire explose littéralement. Après deux heures de débats, il décide d'organiser le vote du budget chapitre par chapitre. Ainsi, plutôt que de voter « contre » l'ensemble du budget une bonne fois pour toutes, il nous force à voter « contre les dépenses de personnel », « contre les subventions aux associations », etc. Mis devant le fait accompli, nous lui demandons une explication de vote pour pouvoir préciser que c'est bien contre le budget et la politique dans son intégralité que nous souhaitons nous prononcer, et que nous ne sommes bien sûr pas contre le paiement des employés municipaux, ou des subventions aux associations, etc. Connaissant l'animal, nous savons que c'est ainsi que les choses seront présentées par la suite dans le journal municipal… ce qui sera effectivement le cas.

Il ne nous laisse pas la possibilité d'expliquer notre démarche et embraie à toute vitesse sur le vote. Dans ces conditions, nous refusons d'y participer. La tension monte. Le maire entre en transe, dans un état qu'on ne lui connaissait pas : « Allez, on vote, que les manchots lèvent la main. Qui est pour, qui n'a plus de bras ? – Que les handicapés votent ! » En plein délire, il ne prend même plus la peine de demander « qui vote pour ? » ou

« qui vote contre ? » mais hurle : « Allez-y, votez contre ! – Madame Tondelier, votez contre ! » Steeve Briois ne se maîtrise plus. Dix minutes durant, il nous menace, dans le brouhaha, sous les sifflets du public. L'adjoint aux finances, Jean-Richard Sulzer, lui-même interloqué, l'interrompt : « Attendez, là je ne comprends plus rien ! » Nous décidons de quitter la salle le temps du vote, toujours sous les huées, pour acter notre refus d'y prendre part. Cette soirée restera comme une des plus violentes du mandat. Bien entendu les insultes faisant référence aux handicapés ne feront jamais l'objet d'excuses.

Il n'est pas rare de voir Steeve Briois introduire les conseils par un propos liminaire à teneur disciplinaire, après des remontrances de la préfecture. Jeu de dupes auquel se mêle volontiers un public de connaisseurs, qui hoche la tête en signe d'approbation. Cela ne l'empêche pas dans les heures qui suivent de chauffer à blanc ses supporters, y compris en les incitant à invectiver allégrement les élus d'opposition. Les textes sont pourtant clairs : l'accès du public aux séances de conseil municipal, hors huis clos, est de droit, mais sans possibilité de participation, huées ou applaudissements. Le Code général des collectivités territoriales, qui confère la police de l'assemblée au maire et à lui seul, précise : « Le public doit s'abstenir de toute intervention et de toute manifestation. »

Ici, il n'est jamais rappelé à l'ordre par le maire. Bien au contraire. Par exemple, un spectateur contre qui j'ai porté plainte pour insultes à la fin d'une séance s'est vu non pas sermonné… mais recruté par la mairie d'Hénin-Beaumont. Pas étonnant que les troupes reviennent avec toujours plus de ferveur.

Elles étaient par exemple très nombreuses pour la séance du 29 septembre 2015. Les élus du Front national s'étaient concertés pour jouer un vaudeville savamment mis en scène à chaque prise de parole de l'élu socialiste Stéphane Filipovitch. Steeve Briois en veut beaucoup à mon collègue de l'avoir dépeint dans un article de blog comme un maire populiste allant jusqu'à se baigner en maillot de bain pendant l'été avec les enfants à Hénin-Beaumont-plage. La vengeance du FN se joue à domicile. Elle a été patiemment préparée. Dès que mon collègue s'exprime, la salle se met automatiquement en branle. Un des élus prend la pause avec son voisin, lui montrant ses photos de vacances, un autre sort ses gâteaux et pique-nique ostensiblement, plusieurs frontistes se lèvent pour sortir ou aller discuter avec des collègues à l'autre bout de la pièce dans un brouhaha créé sur mesure, sous les rires cyniques d'un public qui se gausse. Le maire pavoise et donne l'exemple en tenant lui-même salon autour du siège majoral… La scène est inouïe. Le maire a pris soin d'ouvrir la séance en invitant tout le monde (et l'opposition en particulier) à respecter l'ordre républicain. Comme si c'était nous les perturbateurs récidivistes…

N'en déplaise à Steeve Briois, nous vivons dans une démocratie dont le fonctionnement et les règles sont fixés par des textes de loi – en l'occurrence le Code général des collectivités territoriales (CGCT) –, qu'il se doit de respecter tout comme les droits des élus de l'opposition. En tant que conseillers municipaux, nous avons par exemple le droit de poser des questions orales, dans la limite d'une par conseiller et par séance, pourvu que nous les déposions par écrit trois jours à l'avance. En général, ce délai correspond à peine à celui qui sépare la réception de la convocation au conseil municipal et ledit conseil, mais qu'importe, nous nous adaptons. Au début du mandat, confiants dans l'engagement démocratique du nouveau maire, nous suivions ses consignes et lui adressions nos questions directement par e-mail, ainsi qu'à son adjoint aux affaires juridiques, Bruno Bilde. Mal nous en a pris. Assez rapidement, le maire découvre avec délectation la censure et me refuse le droit de poser ma question à voix haute. Je ne fais pourtant que proposer la mise en place devant la médiathèque d'une boîte permettant le retour de livres en dehors des horaires d'ouverture. Rien de très subversif… Bruno Bilde, qui certifie ne pas avoir reçu mon e-mail : « Ma boîte mail s'est fait hacker. » On nous explique publiquement qu'il aurait fallu la déposer en version papier à l'accueil de la mairie. Fatigués des excuses et de plus en plus aguerris à leurs obsessions procédurières, nous procédons à partir de ce moment uniquement par courrier recommandé avec accusé de réception. Steeve Briois trouve une autre parade : il se met à lire nos questions orales à notre place, les tronquant et les dénaturant. Puis, lors du conseil du 7 octobre 2016, il ne se donne même plus cette peine et prétend que nous recevrons une réponse par courrier. Alertée par nos soins sur ce non-respect de la loi, la préfecture du Pas-de-Calais rappelle le maire à l'ordre, lui intimant de respecter l'article L. 2121-19 du Code général des collectivités territoriales. Mais l'institution ne semble pas faire autorité aux yeux du premier magistrat héninois. Le 16 décembre 2016, lors du dernier conseil de l'année, il conclut abruptement la séance en coupant la parole à mon collègue communiste qui s'apprête à lire sa question: «Je transforme votre question orale en question écrite et je vous souhaite un joyeux Noël.» Pour les connaisseurs du *Père Noël est une ordure*, on est un peu en mode «Joyeux Noël, Félix». Les élus et le public se lèvent comme un seul homme, clôturant de fait la séance. Un frontiste derrière nous se met à crier: «Tais-toi!» Bruno Bilde, qui s'est empressé de traverser la salle, hurle à l'intention de mon collègue: «Vous êtes un nazi! Vous êtes un petit nazi!» Le maire ne réagit pas. La petite assemblée se rue ensuite vers la salle attenante où l'attend le «pot de l'amitié». Vous imaginez bien que seuls les adhérents et sympathisants FN en profitent, les autres n'ayant pas tellement le cœur à trinquer. David Noël, résolu à ne rien lâcher, a déposé un recours le 27 décembre devant le tribunal administratif de Lille pour faire respecter nos droits. Réponse attendue au mieux dans un an!

Au cours de ce même conseil, le maire coupe mon micro alors que j'ai à peine commencé mon intervention. Je lui demande plusieurs fois de le rallumer pour que je puisse terminer mais il a déjà enchaîné sur un autre sujet et il agit comme si c'était moi qui essayais de lui couper la parole : « Laissez-moi finir, vous êtes une stalinienne. » Je suis sciée. Je me rappelle les conseils précédents, et me refais le film : « Vous êtes sectaire. – Vous ne supportez pas les autres. – Vous êtes haineuse – La haine, c'est vous, madame ! » Un jour, alors que je pose une question sur la sécurité de nos données personnelles dans le cadre de l'installation de compteurs de gaz communicants, il répond : « Demandez à la Stasi. » Décidément, ils sont passés maîtres dans l'art de projeter sur les autres leurs propres turpitudes.

Être élue d'opposition dans une municipalité Front national s'apparente en un sens à un sacerdoce. Au début du mandat, mes collègues et moi avions opté pour la sérénité en toutes circonstances. Pas question, en séance, de répondre aux bassesses de nos adversaires, d'entrer dans leur jeu. La presse et les divers commentateurs nous l'ont très vite reproché. Eugène Binaisse est décrit comme faible et ratatiné sur son siège. Lorsque nous nous forçons à garder le silence face à la vindicte, nous sommes dépeints comme des mollassons qui ne sont pas à la hauteur. J'ai compris que me contenter de garder mon sang-froid ou de balayer une attaque en soulignant son idiotie était perçu comme l'incapacité de répliquer. Nous sommes alors entrés sur le ring. Je prépare désormais les conseils comme des combats de boxe, j'écoute de la musique pour arriver concentrée, dans le match. J'ai appris à ne plus rien laisser passer, à me faire entendre même lorsque le micro est coupé. Peut-être que cela arrange le Front national, qui en profite pour condamner mon « hystérie ». Mais ça évite de laisser sans réponse les inepties assenées par la majorité municipale. Depuis l'automne 2016, j'ai pris l'habitude d'enregistrer et de diffuser l'intégralité des séances. Cela permet à chacun de suivre les débats sans avoir à subir les quolibets du fan-club frontiste et de prendre conscience du triste état de la vie démocratique à Hénin-Beaumont. Je sais aussi que certains employés municipaux les suivent en direct, discrètement, sur Facebook. Tout cela me donne de la force. Je sais que la guérilla psychologique qu'on nous impose n'a d'autre but que de nous faire craquer. Me concernant, je leur souhaite bien du courage.

10

Novembre 2015. La campagne pour les élections régionales bat son plein, le suspense est à son comble : jusqu'à la dernière semaine une victoire de Marine Le Pen semble possible, probable même. Cette hypothèse anime toutes les conversations. Sa concrétisation serait un séisme.

« Pourquoi une victoire du FN nous inquiète » : Le 11 novembre, *La Voix du Nord*, journal contre lequel le Front national d'Hénin-Beaumont mène depuis des années une cabale, publie une une à charge. Il récidive le lendemain : « Marine Le Pen et le FN ne sont pas ce qu'ils disent ». Les titres sans équivoque s'étalent en grosses lettres blanches sur une photo de profil de la leader frontiste.

Cela fait grand bruit : il est assez inédit qu'un média s'engage de manière aussi tranchée pendant une élection. Mais *La Voix du Nord* n'est pas n'importe quel journal. Troisième quotidien régional par ses ventes, derrière

Ouest-France et *Sud-Ouest*, il est né dans la clandestinité pendant la seconde guerre mondiale, en avril 1941, sous l'impulsion d'un policier syndicaliste lillois et d'un catholique social de Bailleul, et il donnera par la suite naissance à un mouvement de résistance. Son premier numéro annonce la couleur : « On ne transige pas avec le devoir et avec l'honneur ; on ne pactise pas avec le mal ; on ne collabore pas avec l'ennemi. »

Effectivement, on peut dire qu'en ce mois de novembre 2015, la rédaction ne transige pas. Elle propose une enquête appronfondie sur les valeurs du Front national, son manque d'expérience, ses contradictions, son fonctionnement clanique, son opportunisme électoral.

Marine Le Pen décide de rendre coup pour coup. Elle dénonce « un tract pour le Parti socialiste », qui serait la contrepartie des subventions régionales touchées par le quotidien. Seul hic : *La Voix du Nord* ne touche aucune subvention du conseil régional…

Quelques jours plus tard, juste avant le premier tour des élections régionales, le cortège de la Sainte-Barbe passe sous les fenêtres de la rédaction. Bruno Bilde, en tête aux côtés d'autres adjoints et de Marine Le Pen, brandit son majeur vers la journaliste postée à l'étage pour prendre une photo illustrant son article. Le doigt d'honneur est immortalisé et circule sur les réseaux sociaux.

Le Front national a en fait toujours joué un double jeu avec la presse.

D'un côté, le FN a fait la danse du ventre pour attirer la lumière sur lui, Bruno Bilde, qui officie comme attaché de presse de Steeve Briois et de Marine Le Pen à Hénin-Beaumont depuis des années. Il va, à l'occasion, jusqu'à jouer les « tour-opérateurs » afin de faciliter la venue des journalistes, et montrer à quel point notre belle ville a besoin de l'arrivée urgente du Front national. Chacun à Hénin a d'ailleurs en tête les nuées de journalistes entourant systématiquement Marine Le Pen lors de ses différentes campagnes, qui relèguent les autres acteurs politiques locaux au rang de quasi-anonymes.

De l'autre, le FN exerce des mesures de rétorsion systématiques lorsqu'un article ne lui plaît pas : messages téléphoniques, e-mails et SMS obsessionnels, multiplication des droits de réponse, bouderie et rupture de la transmission des informations nécessaire au travail des journalistes.

Le FN aime donc détester la presse mais lui doit beaucoup. Bilde et Briois ont largement bénéficié d'une importante couverture médiatique pour percer à Hénin mais ne supportent pas aujourd'hui que leur politique soit scrutée.

Pascal Wallart, qui travaille à *La Voix du Nord* depuis 1985 et est à la tête de la rédaction de l'agence locale d'Hénin-Beaumont depuis plus de quinze ans, en sait quelque chose. Il est devenu l'une des cibles privilégiées du Front national local, lequel pousse des cris d'orfraie dès qu'un article ne le satisfait pas. Dès 2006, bien avant l'accession du FN à la mairie, ce journaliste était déjà traité dans un billet de blog publié par Steeve Briois de « mythomane gauchiste » et de « journaliste sans aucune morale», «déshonorant sa profession». Au mois de janvier 2009, celui qui est alors élu de l'opposition publie sur son blog un article intitulé « Pascal Wallart est au journalisme ce que la pornographie est à l'amour». Élégant!

Décembre 2014, alors que le Front national est aux commandes de la commune, la tension monte d'un cran. Le Front national inaugure le premier marché de Noël du mandat. Chalets en bois flambant neufs, patinoire de 300 mètres carrés, grosse communication. C'est un certain succès.

Mais quelques exposants sont contrariés par les conditions matérielles de leur installation. Et le rôle de la presse, qui n'a pas à être l'organe de propagande de la municipalité, est de le dire, ce que fait *La Voix du Nord*. Le Front national s'étrangle. Quelqu'un a osé critiquer le marché de Noël dont ils avaient souhaité faire le symbole d'une ville en pleine renaissance, et *La Voix du Nord* se hasarde à rapporter ces propos. Ils présentent cela comme la pire des injustices.

Une affichette vengeresse est imprimée en toute urgence. L'auteur de l'article y est, comme de coutume, clairement prise à partie, qualifiée de «pigiste militante qui n'a jamais connu les marchés de Noël précédents». L'affichette est placardée sur les fenêtres de la bâtisse qui jouxte l'agence à l'époque occupée par un adjoint frontiste et son collocataire chef de cabinet du maire.

Les commerçants du centre-ville sont amicalement invités à faire de même sur leur vitrine. Ils sont plusieurs à s'y résoudre.

Le mardi matin suivant, tous les adjoints sont, écharpe bleu, blanc, rouge en bandoulière, devant l'agence locale de *La Voix du Nord* pour distribuer un tract sur lequel est reproduit le texte de l'affiche. Une manifestation d'élus locaux devant un journal… du jamais vu ! La tentative d'intimidation est manifeste. Danièle Binaisse, la femme de l'ancien maire, passe par là et se fait interpeller : « Votre mari, il en a eu de la presse contre lui aussi, il ne les a jamais attaqués, il aurait dû. On les aura, ils finiront par nous suivre comme des moutons. »

La guerre est déclarée. Dès lors, tous les moyens sont bons pour mettre au ban une presse jugée partiale et indigne, et concevoir ses propres organes de communication. Le journal municipal figure en première place dans cette stratégie de « réinformation ». Quelques numéros suffisent pour qu'il soit rebaptisé en ville « journal de propagande municipale ». Une Héninoise octogénaire me confie même un jour : « Des fois je lis le journal municipal, bah, c'est simple, j'ai l'impression qu'on est revenus en 1940 ! »

La Voix du Nord figure sans surprise parmi les cibles préférées de la feuille de chou. Morceaux choisis. Dans le numéro de juin 2015, Bruno Bilde se lamente, au cours d'une interview de lui-même, mise en scène pour présenter son propre travail d'adjoint à la communication : « J'en ai assez du parti pris des médias qui consiste à toujours taper sur notre ville. Les journalistes aiment les polémiques qui leur permettent de vivre financièrement et d'exister. » L'édito de novembre 2015 est intitulé

« Notre ville avance, la presse recule ». Un encadré proclame, en juin 2016 : « Le devoir de mémoire ? *La Voix du Nord* s'en moque. » Mais ça n'est rien à côté du numéro de février 2016, qui consacre sa une au journal. Une photo assombrie de l'agence locale – ambiance film d'horreur – remplit la page, accompagné d'un titre racoleur : « Insultes contre les habitants d'Hénin-Beaumont : l'incroyable dérapage de *La Voix du Nord* » et d'un dossier spécial ambitieux, « analysant concrètement, et sur la base des faits, la lente dérive des "journalistes" locaux, qui, plutôt que de vous informer, se servent des colonnes de *La Voix du Nord* comme d'un tract politique ».

Point de départ de la polémique ? Une conférence de Pascal Wallart au club de la presse du Nord-Pas-de-Calais, dans laquelle il analyse l'état d'esprit des habitants d'Hénin-Beaumont : « Je crois que beaucoup n'ont plus de conscience politique, ils ont juste envie qu'on s'occupe d'eux, c'est tout bête [...] Auparavant, c'étaient les patrons des mines qui avaient un rôle paternaliste, que les politiques ont remplacé dans les années 1960, 1970, 1980. Puis à un moment donné, ils s'en sont fichus et ne s'en sont plus occupés. Les gens, là, se sont sentis ballottés, au rythme des guerres internes entre socialistes et communistes qui animent depuis vingt à trente ans le bassin minier. Là, ils sont juste tombés dans les bras de gens qui s'occupent d'eux, et la conscience politique, je crois qu'ils n'en ont plus grand-chose à faire aujourd'hui. Il faut le prendre en compte. »

L'analyse est juste. Mais le FN isole la première phrase et la passe en boucle dans une vidéo virale partagée par le maire sur sa page Facebook, accompagnée d'un texte aguicheur qui commence par : « Insultes de *La Voix du Nord* contre les habitants d'Hénin-Beaumont : la municipalité exige les excuses immédiates du journaliste ! »

Le remix est éprouvant. Les habitants d'Hénin-Beaumont ? « Beaucoup n'ont plus de conscience politique. – Beaucoup n'ont plus de conscience politique. – Beaucoup n'ont plus de conscience politique… » C'est sûr que, sorti de son contexte, c'est choquant. Pour ceux qui n'ont pas Facebook, le journal municipal consacre un dossier spécial à cet « incroyable dérapage ». L'édito du maire, larmoyant et patriote, parle de la « dignité » et de l'« honneur » des Héninois et des Beaumontois, « bafoués par les politiques et les médias », qui sont « des valeurs auxquelles [il veut] rendre hommage, et qui méritent plus que tout d'être défendues ». Dans les pages suivantes, la photo du directeur d'agence incriminé est énorme, traversée par un gros bandeau racoleur « + de 27 000 vues pour la vidéo où P. Wallart insulte les habitants d'Hénin-Beaumont », suivie d'un texte dans lequel il est notamment question de mépris de classe. La page suivante, sobrement intitulée « Pascal Wallart, l'anti Charlie », est aussi très subtile : « Cette population que vous méprisez tant, cher Pascal Wallart, pense que votre journal mérite tout au plus de servir à bourrer les coussins. Pour s'asseoir dessus. » Les numéros suivants seront du même tonneau.

Cette campagne publique de diffamation contre le journal doit toucher tout le monde. Ceux qui suivent Steeve Briois sur Facebook, ceux qui lisent le journal municipal, mais aussi ceux qui assistent aux conseils municipaux dans le public. Pendant les séances, on n'hésite pas à le prendre directement à partie.

Cela commence symboliquement : la table de presse, traditionnellement installée à côté du ban des administratifs et déjà reléguée à côté de la sortie, derrière l'opposition municipale, est carrément supprimée. Désormais, c'est au milieu du chahut du public que les journalistes sont contraints de suivre les débats, comme si subir les interpellations et les plaisanteries douteuses de l'adjoint à la communication ne suffisait pas : « Vous connaissez l'avantage de la version papier de la *Voix du Nord* sur la version numérique ? » Petite pause pour ménager son effet. « C'est qu'on peut se torcher avec. » Rires gras dans l'assistance. Petit moment de solitude pour les deux journalistes venus pour couvrir le conseil, même si comme nous, élus de l'opposition, ils ne doivent plus faire attention…

Campagne dans le journal municipal, invectives publiques, blagues potaches : la municipalité ne semble pas rassasiée. Lors du conseil municipal du 12 décembre 2015, veille du deuxième tour des élections régionales, le Front national cherche à prendre une énième revanche sur le quotidien. Bruno Bilde prévient : *La Voix du Nord*, elle va voir ce qu'elle va voir ! Il promet : son insupportable monopole va bientôt voler en éclats ! Il nous réserve une petite surprise…

Effectivement. Le 15 décembre 2015 apparaît une mystérieuse page Facebook. Elle suscite immédiatement la curiosité. « La Voie d'Hénin » affiche son slogan : « Réinformez-vous sur l'actualité d'Hénin-Beaumont » et se présente comme « une page Facebook d'information sur un ton impertinent et libre ». C'est sûr que côté impertinence, nous sommes servis !

La page est anonyme mais, après les annonces de Bruno Bilde, c'est comme si elle était signée. Les hostilités commencent le jour même dans une seconde publication intitulée « La soirée secrète de l'opposition à l'agence héninoise de *La Voix du Nord* ». Le matin même, la journaliste de *La Voix du Nord* est venue nous demander quelques explications sur un point du conseil municipal. L'ambiance délétère de la salle ne nous a pas permis de discuter sur place et nous nous sommes donnés rendez-vous à l'agence locale du journal. En temps normal et dans une ville normale, cela ne poserait pas de problème. Ce type d'entretien n'est en rien contraire à la déontologie. Marine Le Pen a d'ailleurs déjà accordé plusieurs interviews à Pascal Wallart dans ces mêmes bureaux.

Mais à Hénin-Beaumont, comme l'indique l'œil inquisiteur du logo de « La Voie d'Hénin », nous sommes sous surveillance. Les caméras de « vidéoprotection » souhaitées par le maire ne sont pas encore installées mais bien probablement des petits espions jouent déjà ce rôle. La plume de « La Voie d'Hénin » extrapole donc largement quand elle estime que « les élus de l'opposition, selon plusieurs témoins, ont passé la soirée de samedi à

La Voix du Nord. De là à parier que la réunion visait à harmoniser les éléments de langage entre Céline Debette [journaliste de l'agence locale] et l'opposition, il n'y a qu'un pas, que nous franchissons. » Dans les jours et les semaines qui suivent, la démonstration manipulatoire, qui ne repose sur rien d'autre que sur du vent, est filée.

« La Voie d'Hénin » poursuit son œuvre. Les journalistes de l'agence locale de *La Voix du Nord* sont pris pour cible nommément, un par un, attaqués même sur leur physique. Chacun en prend pour son grade, en alternance avec les membres de l'opposition et quelques autres têtes de Turc, comme le Parti socialiste ou la CGT. Le Front national a toujours nié être à l'origine de cette page Facebook anonyme… Comment expliquer que le ou les auteurs soient en possession quasi immédiate des enregistrement vidéo de la municipalité ? Que la ligne éditoriale de la page Facebook soit exactement la même que celle de la propagande municipale et que « La Voie d'Hénin » partage les publications de Steeve Briois ?

Systématiquement, quand un article nous concernant paraît dans *La Voix du Nord*, « La Voie d'Hénin » dénonce du favoritisme. La main “anonyme”, dans la lignée des articles de blog de Steeve Briois, lequel avait été jusqu'à présenter Pascal Wallart, à l'occasion des élections départementales de 2015, comme mon directeur de campagne, écrit, le 26 janvier 2016 : « Tiens, un article sympa sur Hénin ! Ah oui, c'est sur Tondelier ! On trouvait ça tellement étrange. »

Cette obsession du FN à propos du traitement médiatique de leurs concurrents est maladive, ce qui est d'autant plus incompréhensible qu'ils n'ont rien à envier à personne, étant donné la très large couverture presse dont ils bénéficient. Mais il faudrait que nous n'existions pas pour qu'ils arrêtent de se plaindre... En mai 2016, je suis en plein bras de fer avec la mairie : elle a décidé d'abattre quarante tilleuls centenaires malgré un arrêté suspension du tribunal administratif en ma faveur. Je suis contrainte de mobiliser une trentaine de collègues, au petit matin, pour empêcher les tronçonneuses d'entrer en action. Bruno Bilde est là aussi, iPad à la main, pour photographier tous les présents. Il prend à partie les journalistes : « Monsieur, vous êtes là pour faire le buzz et le service après vente d'une élue qui a fait 4 % aux élections régionales [...] Vous êtes aux ordres. » À la journaliste de France 3 qui cherche justement à recueillir sa version pour le reportage qu'elle prépare, il lance, devant tout le monde : « Je vous parlerai lorsque vous appliquerez un traitement égalitaire. » Ce petit jeu peut durer longtemps... Rageur, Steeve Briois publiera le lendemain un communiqué sur sa page Facebook : « Hier matin, dès 7 h 30, les journalistes de M6, France 3, et la *Voix du Nord* évidemment, ont répondu au plan com de l'opposition comme de vulgaires toutous [...]. On savait que cette profession était la plus moutonnière au monde. Ne leur manque désormais que le collier et la laisse... » Les journalistes en question ont même la chance d'apparaître en photo pour illustrer l'article.

Pour tenter d'asphyxier la presse locale, le FN héninois a un autre moyen redoutable : ils ne font parvenir aucune information utile à *La Voix du Nord*, stratégie parfaitement assumée par Bruno Bilde, qui explique au journaliste de *Libération* Dominique Albertini (31 juillet 2016) : « Je ne leur file plus aucune information, sauf cas extrême. Pascal Wallart, interviewé pour le même article, commente : « Cette attitude est contre-productive pour eux. Car le résultat, c'est qu'on ne couvre plus l'actualité politique de la ville. Ils font sans doute des choses très bien, mais on ne les voit plus et le maire n'apparaît plus en photo. Ils auraient intérêt à afficher leur sérénité, plutôt que de fonctionner à la trique. » Et hop, c'est reparti pour un tour… Nouveau journal municipal, titre évocateur : « Nouvelles attaques de *La Voix du Nord* contre la ville d'Hénin-Beaumont ». Et les deux fragments de phrase suivants, isolés et attribués à Pascal Wallart : « On ne couvre plus l'actualité politique de la ville » et « Le maire n'apparaît plus en photo ». Toute la partie sur le refus de communiquer avec le journal local a disparu. On a l'impression que Wallart a décidé de son propre chef, dans un accès de mauvaise humeur, de ne plus parler d'eux. La guerre des nerfs continue… et semble avoir de beaux jours devant elle.

Désinformation de *La Voix du Nord*, réinformation de Bruno Bilde : le Front national a le mérite de nous proposer une vision du monde simple et binaire. Ce que les élus frontistes semblent en fait avoir du mal à accepter, c'est que la presse locale fonctionne différemment de leur « journal municipal » et qu'ils ne puissent pas avoir la main sur sa ligne éditoriale, travers qui est d'ailleurs observé dans d'autres villes dirigées par le FN. Ils trouvent invraisemblable de ne pouvoir incarner seuls Hénin-Beaumont. Ils trouvent insupportable que l'opposition ne soit pas simplement méprisée et raillée. En réalité, ce que le Front national ne supporte pas, c'est l'altérité. Ce qui ne leur obéit pas, ce qu'ils ne maîtrisent pas. Soit vous êtes avec eux, soit vous êtes contre eux. Revoilà leur éternel scénario complotiste et manichéen.

11

Le 4 décembre 2014, comme chaque année, c'est la fête de la Sainte-Barbe. Mais la première depuis la victoire du Front national. La nouvelle équipe municipale a décidé d'imprimer sa marque sur les festivités et d'en faire une cérémonie… laïque. Fini, la traditionnelle messe qui ouvrait les festivités, la mairie a choisi de se passer de la participation de l'abbé. Revenons un peu en arrière pour comprendre ce changement de cap singulier.

Dans le bassin de Lens, les Houillères ont marqué la vie du milieu du XIXe siècle jusqu'à la fermeture en 1990 des derniers puits. Elles ont imprégné l'histoire de nombreuses familles : la Sainte-Barbe, à Hénin-Beaumont, c'est un peu notre deuxième fête nationale, à mi-chemin entre fête religieuse et cérémonie municipale. On célèbre celle qui est nationalement connue comme la protectrice des sapeurs pompiers et des artificiers. Ici, elle est également la sainte patronne des mineurs, qui maniaient l'explosif tout autant que la pioche.

La Sainte-Barbe est donc célébrée à Hénin-Beaumont depuis le XIXe siècle. Mineurs et personnel d'encadrement assistaient autrefois ensemble à une messe en son honneur et la journée était chômée. Elle clôturait la Quinzaine de la Sainte-Barbe, au cours de laquelle les houilleurs redoublaient d'efforts pour pouvoir mettre du beurre dans les épinards et acheter des oranges aux enfants à Noël. « Une double journée pour une double paie », comme ils disaient, l'ancêtre du « travailler plus pour gagner plus », en somme.

Cette période était aussi la hantise des femmes : les promesses de gains incitaient à aller le plus vite possible au fond de la mine, donc à poser moins d'étais que d'habitude en avançant dans la veine à mesure que le charbon en était extrait, ce qui renforçait les risques d'éboulement et d'accidents, parfois mortels. Pour la remercier de sa protection, les mineurs descendaient au fond des puits, le jour de sa fête, la statue de sainte Barbe.

Tombée en désuétude à la fermeture des mines, ce cérémonial a repris de la vigueur à Hénin-Beaumont à la fin des années 1990, grâce à la volonté d'anciens mineurs et de la société historique de la ville, Hennium. Une cérémonie a lieu à l'église, puis la statue « miraculée » de sainte Barbe fait le tour du centre-ville – elle a été retrouvée presque intacte en 1929, au milieu des décombres, lors de la reconstruction de l'église, qui avait été dynamitée par les Allemands à la fin de la première guerre mondiale. La procession rassemble des centaines d'habitants, toutes les familles politiques et parfois les enfants des écoles. L'ensemble suit un rituel bien précis. Seul le lieu a changé ces dernières années à cause de la réfection de l'église : nous avons pris l'habitude de nous réunir dans la salle paroissiale.

Les croyants récitent le Notre Père tandis que les non-croyants écoutent respectueusement. Puis on entonne tous en chœur les cultissimes *Les Gens du Nord*, d'Enrico Macias :

Les gens du Nord
Ouvrent toujours leurs portes
À ceux qui ont souffert
Les gens du Nord
N'oublient pas qu'ils
Ont vécu des années d'enfer
Si leurs maisons sont alignées
C'est par souci d'égalité
Et les péniches
Pauvres ou riches
Portent le fruit de leurs efforts

… et *Les Corons*, de Pierre Bachelet :

Au nord, c'étaient les corons
La terre, c'était le charbon
Le ciel, c'était l'horizon
Les hommes des mineurs de fond
Nos fenêtres donnaient sur des fenêtres semblables

Et la pluie mouillait mon cartable
Et mon père en rentrant avait les yeux si bleus
Que je croyais voir le ciel bleu
J'apprenais mes leçons, la joue contre son bras
Je crois qu'il était fier de moi
Il était généreux comme ceux du pays
Et je lui dois ce que je suis

Suit *Min Viux Hinnin*, hymne de la commune écrit après la guerre de 1914, au moment de la reconstruction de l'hôtel de ville, dont le carillon fait entendre toutes les heures les premières notes.

Cette alliance du sacré et du profane ne devait pas durer toujours. La brouille remonte à 2008 et à l'arrivée de l'abbé Jean-Marie Loxhay, doyen de l'agglomération, nommé curé dans la paroisse locale de Sainte-Claire-en-Héninois. Pour sa première Sainte-Barbe, quelques mois après son arrivée, le père Loxhay choisit de faire réciter, plutôt que le Notre Père traditionnel, la variante de la JOC (Jeunesse ouvrière chrétienne), datant du Festival pour l'emploi de 1981. Elle semble s'accorder à l'esprit de la tradition minière et participe d'ailleurs du même registre que les deux chansons précitées.

Notre Père,
Toi le Père de tous ceux qui luttent
pour faire éclater l'amour, la solidarité, la justice,
Toi le Père que je veux pour tous mes copains.
Ton nom est sanctifié

par tous ceux qui travaillent jour et nuit,
afin de sortir leurs frères de l'ignorance,
de la maladie, de l'exploitation et de la persécution,
par tous ceux qui donnent un peu de leur temps
pour changer leurs conditions de vie, de travail,
dans le quartier, à l'usine, au bureau, à l'école.

Dans l'assistance, Marine Le Pen, que l'abbé a pris soin de saluer, trépigne. Ce choix ne manque pourtant pas de cohérence. La culture ouvrière et la solidarité sont intrinsèquement liés au bassin minier, n'en déplaise à certains. Il n'empêche : le FN est furax et, dès le lendemain, un article au vitriol est posté sur le blog de Steeve Briois, alors élu de l'opposition. Il ne fait pas dans la dentelle et dénonce « une messe bolcho-tiers-mondiste, politicienne », « une réunion politique déguisée en simulacre de messe populaire », « un curé qui se moque littéralement de la liturgie, au point de lire un texte qui était un Pater Noster trafiqué, et souillé dans une nasse bien pensante et catholicide », ou encore « du bricolage avec les traditions protestantes et évangélistes ». L'article, signé par Christopher Szczurek, l'actuel adjoint à la jeunesse et à la vie culturelle de la ville, se termine de manière aussi vindicative qu'il a commencé : « Et pas la peine d'aller s'en plaindre aux évêchés, ils en sont déjà à Vatican 10… Je ne suis pas ce qu'on peut appeler une grenouille de bénitier et je suis un piètre pratiquant, mais un tel mépris des fidèles et de la tradition me donne juste envie de gerber. La Sainte-Barbe célébrée selon le modèle dalongevillien, on pourra rebaptiser ça la Saint-Barbu… [allusion à la fameuse barbe de Gérard Dalongeville]. »

Le lendemain une main espiègle imprime cet article et le glisse dans la boîte aux lettres du curé, dans une enveloppe mentionnant : « de la part de monsieur Dalongeville ». L'histoire ne dit pas si c'était une blague ou non. Après un billet de cette tonalité, les relations n'étaient pas parties pour se réchauffer. Mais la rancœur étant étrangère au doyen, il continue de saluer Steeve Briois et Marine Le Pen, répondant à ceux qui le lui reprochent qu'il « serre la main à tous les être humains ».

Il n'empêche que le malaise perdure entre l'équipe d'animation paroissiale et le Front national. Les fidèles n'acceptent de témoigner que sous couvert d'anonymat, pour éviter les vagues : « On n'est pas là pour faire de la politique et de ce point de vue là, on ne veut pas avoir de problème avec le Front national en tant que parti. Mais quand même, au FN, ils ont un problème avec l'Évangile ! Par exemple, prends l'Évangile de Jésus-Christ selon saint Mathieu : "J'avais faim, et vous m'avez donné à manger ; j'avais soif, et vous m'avez donné à boire ; j'étais un étranger, et vous m'avez accueilli ;" Bon, ben, si on lit ça dans l'église même sans faire d'autre commentaire, on aura des remarques ». Manifestement, l'Évangile, c'est déjà trop subversif pour le Front national… « Mais on va quand même pas changer la Bible pour leur faire plaisir ! »

Le prêtre semble partager cet avis. En juillet 2013, il explique à Octave Nitkowski, jeune blogueur local : « Certaines idéologies, au cœur de notre société actuelle, ne sont pas compatibles avec l'Évangile et la parole de Dieu. Tout ce qui relève de l'ordre du refus de l'entraide, de la solidarité et de la fraternité et surtout du rejet de l'autre et de l'étranger, est clairement antiévangélique. […] Jésus remet debout les gens. Mais quand on écrase des gens et qu'on les exclut, comme le font certains ici, on fait le contraire que remettre debout des gens. De ce point de vue, les valeurs de la Bible et du Front national s'opposent. » Il précise qu'il veut « dénoncer des incompatibilités d'idées, pas de personnes ».

La tension monte encore d'un cran six mois plus tard, en pleine campagne des municipales. En janvier 2014, des étudiants de l'École supérieure de journalisme de Lille publient sur leur blog, *Mines du Nord*, une interview du diacre d'Hénin-Beaumont, Jean-Louis Blondelle. « Voter FN, c'est faire abstraction d'un des fondamentaux de l'Évangile : l'attention au plus petit, au plus pauvre. Alors le rejet de l'autre, notamment de l'étranger, je ne peux pas l'accepter. On a tort de croire que la Bible n'est que religieuse : elle est aussi politique ! » Le diacre précise que le père Loxhay a déjà reçu deux lettres de menaces de Steeve Briois. Celui-ci, alors tête de liste FN, l'y désigne comme son « ennemi personnel ».

Le candidat en campagne avale son café de travers. « J'assigne en diffamation cet article », écrit-il maladroitement sur Twitter. Sur LCI, il crie au mensonge : « Sur une ville d'environ deux cent mille habitants, sa messe n'accueille qu'une cinquantaine de personnes chaque dimanche. Il ne faut pas s'étonner, cela ressemble plus à un congrès du Parti communiste.» Ambiance. Le diacre est harcelé plusieurs jours de suite par téléphone à son domicile: «On va te couper les couilles!» Il répond, placide: «Ça prouve que j'en ai.» Et raccroche. Sa photo, regard bleu serein et perçant derrière une épaisse barbe grise, circule sur les sites internet de la mouvance identitaire. Il en faut plus pour le perturber.

La semaine suivante, lors de sa cérémonie de vœux, Steeve Briois se lance dans une parodie d'un sermon de l'abbé Loxhay, devant les caméras venues en masse couvrir ce temps fort de la campagne. Après avoir fendu la foule, il monte sur l'estrade de la salle des fêtes, étend ses bras en croix et déclare, suscitant l'hilarité générale dans les rangs: «Mes chers frères, mes chères sœurs, eh oui, après tout, puisque le curé veut faire de la politique, eh bien, moi, je ferai son boulot. C'est ainsi que je vais vous inviter à entrer avec nous, chers amis, dans le chemin de l'espérance, le chemin de l'amour de notre prochain et de la survie de notre belle patrie, qui a été longtemps durant cette décennie maltraitée et méprisée.»

Inutile de préciser qu'en décembre 2014, au moment où l'abbé Loxhay et Steeve Briois devenu maire doivent préparer ensemble la Sainte-Barbe, ils sont légèrement en froid. La municipalité annonce une formule remaniée, sans célébration à la salle paroissiale, prétextant que de toute façon celle de l'année précédente avait été trop longue.

C'était mal connaître l'attachement des Héninois à leurs traditions. L'annonce fait grincer quelques dents, et Steeve Briois, revanchard mais pas kamikaze au point de frustrer les inconditionnels de la Sainte-Barbe, finit par reprendre langue avec l'abbé. Le coup de fil est laconique : « Monsieur le maire veut vous voir. » Le rendez-vous est courtois. Ce n'est que le lendemain matin que Jean-Marie Loxhay reçoit un second coup de téléphone, lui demandant de consentir à une petite bénédiction, au départ du cortège de la statue dans le centre-ville. Ce qu'il accepte bien volontiers.

L'abbé est donc bien présent, ce 4 décembre 2014, mais « en civil ». Les deux parties choisissent de faire bonne figure et de parler en chœur d'un simple malentendu. Le prêtre : « D'habitude, les services de la commune m'appelaient pour régler l'organisation de la cérémonie en lien avec Hennium et quelques chrétiens. Or, cette année, je n'ai pas reçu le moindre coup de téléphone. À partir du moment où l'on ne me demande rien, je ne fais rien. » Christopher Szczurek : « Dans la mesure où on n'a pas eu de nouvelles, on s'est dit qu'on allait faire avec nos propres moyens. » (L'auteur de l'article de blog cinglant de la Sainte-Barbe de 2008 est désormais adjoint et président du groupe Front national à la mairie d'Hénin-Beaumont). Après cet épisode, l'abbé décide de se mettre en retrait et s'interdit désormais tout commentaire qui pourrait être mal reçu par la majorité municipale. Même si l'Église soutient sa position, il veut éviter les troubles afin de pouvoir rester parmi ses ouailles héninoises. Chacun a décidé de mettre de l'eau dans son vin de messe : vive la cohabitation pacifique ! Au moins en apparence.

Les années suivantes, la municipalité revient, l'air de rien, au rituel habituel, le maire ayant sûrement compris que ses simagrées passaient mal auprès d'une partie de la population. Si la hache de guerre est officiellement enterrée, le conflit se poursuit sous d'autres formes : l'abbé Loxhay continue de recevoir des coups de fils et des courriers d'insultes. Ceux qui l'aident à tenir le secrétariat l'attestent, mais il refuse, encore aujourd'hui, de s'étendre sur le sujet.

Les vœux de la nouvelle année 2015 sont l'occasion pour l'édile d'une revanche sournoise. L'illustration choisie n'a rien d'anodin : la belle église Saint-Martin, classée aux Monuments historiques, est photographiée en plongée à partir du salon d'honneur du premier étage de la mairie, le drapeau bleu, blanc, rouge flottant ostensiblement au premier plan – celui de l'Union européenne ayant disparu de la façade depuis le début du mandat. Le message est limpide : l'hôtel de ville domine l'église. Steeve Briois, de ses fenêtres, tient à l'œil le doyen. Il le toise, le nargue même. Cette mise en scène grossière est placardée dans toute la ville sur d'immenses affiches de quatre mètres sur trois et illustre les cartes de vœux municipales. Bel exercice de propagande, qui torture les consciences : se taire, c'est accepter ; dénoncer, c'est envenimer et s'exposer à de nouveaux problèmes. Pour éviter les polémiques inutiles, chacun ferme les yeux mais n'en pense pas moins.

Lorsque la municipalité entreprend, quelque temps plus tard, de rénover la chaussée de la rue Pierre-Brossolette, dans la cité Darcy, tout est refait à neuf… sauf le passage piéton faisant face à l'église Saint-Henri. La provocation est claire : « Vous n'existez pas pour moi. » L'équipe d'animation paroissiale écrit au maire, expliquant qu'un public nombreux est accueilli, pour les messes hebdomadaires, les baptêmes, les mariages et les enterrements ; et que ce passage piéton, mal signalé, constitue un danger. Allant jusqu'au bout du grotesque, le maire répond qu'il lui est impossible d'y remédier en hiver, à cause du fréquent risque de précipitations. Le bobard serait risible si la situation n'était pas aberrante. Un riverain, non croyant mais outré par les enfantillages du maire, finit par menacer de faire circuler une pétition dans le quartier. Trois jours plus tard, le passage piéton est repeint par une équipe des services techniques… sous la pluie !

Pour le maire, chaque occasion est bonne pour exprimer son mépris. Lors de la traditionnelle kermesse du 15 août à l'église Sainte-Marie, il fait le tour de toutes les tables mais ignore ostensiblement celle de l'équipe d'animation paroissiale, sans réprimer l'une de ses traditionnelles mimiques. Une des fidèles ostracisés relativise : « Nous n'y prêtons pas attention. Ce qui est plus douloureux, c'est de voir des amis de la communauté être fiers que Steeve Briois s'arrête à leur table faire un brin de causette. Ils ne sont pas forcément d'accord mais se sentent valorisés. Tu sais, ça nous fait mal, mais on comprend.» Douloureuses aussi, les divisions qui commencent à scinder la communauté catholique: «Un jour, un couple a refusé de me serrer la main, je n'ai pas compris tout de suite pourquoi, puis j'ai compris que c'était parce que je m'occupais des Roms. J'en étais baba. Je me suis dit: "On n'a pas lu le même Évangile, c'est impossible." Je leur ai dit que j'étais désolée mais que j'allais continuer quand même.»

Steeve Briois, qui répète à l'envi, comme Marine le Pen d'ailleurs, que «les curés devraient rester dans leur sacristie», ne voit par contre aucune contradiction à installer en décembre 2015 une crèche… dans le hall de la mairie! Belle cohérence. Au Front national, on est catholique quand ça nous arrange.

Ultime provocation adressée à l'équipe paroissiale, qui, elle, ne peut pas installer de crèche dans l'église Saint-Martin, toujours en travaux? Volonté de faire comme les petits camarades du parti, Robert Ménart à Béziers, Julien Sanchez à Beaucaire ou d'autres encore qui ont installé des santons sous leur toit? Sûrement un peu des deux… et sans souci du détail, puisque, début décembre, Jésus et les rois mages sont déjà aux côtés de Marie, de Joseph, du bœuf et de l'âne, alors que le premier n'est pas censé être né, et les seconds encore moins être en route pour le célébrer. Bien sûr, ce genre de broutilles n'empêche pas Steeve Briois de se réclamer du «respect de la tradition». Argumentaire étrange, quand on sait que de mémoire d'Héninois il n'y a jamais eu de telle installation en mairie… y compris l'année précédente, alors que la même équipe était déjà au pouvoir.

Mon collègue communiste David Noël, qui malgré son nom est un fervent défenseur de la laïcité, dépose un recours au tribunal administratif et obtient satisfaction le 1er décembre 2016, quelques jours avant la date prévue pour l'installation d'une nouvelle crèche.

Pas plus à cheval sur le respect du verdict d'un tribunal que sur celui du Nouveau Testament, Steeve Briois s'emporte sur Facebook : « En cédant à la stratégie d'obstruction de l'opposition héninoise – toujours hostile par principe à ce qui relève des traditions populaires ou fêtes familiales –, le tribunal administratif de Lille, connu pour être l'un des plus à gauche de France, témoigne ainsi d'une servilité toute particulière à l'égard de certaines formations politiques, au mépris du plus élémentaire principe d'indépendance. »

Dans la foulée, une pétition intitulée « Ne touchez pas à notre crèche », prétendant défendre « le droit imprescriptible des habitants de notre ville à respecter la culture traditionnelle dans laquelle ils ont grandi et qu'ils veulent transmettre à leurs enfants », est publiée dans le journal municipal. La missive est accompagnée d'un coupon-réponse proposant aux lecteurs – c'est-à-dire à toute la ville, puisque le document est déposé par les employés municipaux dans chaque boîte aux lettres – de signer l'engagement : « Je soutiens l'action de Steeve

Briois et de la majorité municipale en demandant le maintien de la crèche de Noël. » Notez au passage qu'il s'agit d'une offre groupée : on ne peut être favorable à la crèche sans soutenir également le maire.

Il faut dire que le complot qui le menace est total : opposition catholicide, tribunal gauchiste, presse machiavélique, croyants politisés… une petite mafia qui travaillerait de concert pour crucifier « les traditions ».

Notre point de vue est entendu par toutes ceux qui nous interrogent : « Oui, c'est sûr, la crèche serait mieux sur les marches de l'église, ça serait plus sa place. » Mais combien de personnes touchons-nous avec ces discussions en tête-à-tête quand la verve caricaturale du maire et de ses supporters inonde les réseaux sociaux ? La propagande infuse et le battage semble toucher son but. La question de la laïcité est totalement éludée, le débat, réduit à une équation simpliste beaucoup plus vendeuse : « opposition municipale = stérile et revancharde = contre les traditions = contre l'esprit de Noël ». Le maire, qui en 2008 n'hésitait pas à attaquer un représentant de l'Église, s'est métamorphosé en héraut de la défense des valeurs catholiques menacées. Le Front national a réussi son pari. En ville, ne reste plus qu'une grande lassitude et des blagues lourdingues : « Il s'appelle David Noël et est contre la crèche, il est vraiment bébête celui-là, il est contre lui-même. »

4 décembre 2016. Marine Le Pen, accompagnée de David Rachline, fidèle lieutenant et sénateur-maire de Fréjus, dans le Var, est de retour à Hénin-Beaumont.

Tous deux, rayonnants de condescendance, postés au premier rang, assistent à la cérémonie animée par le désormais impassible Abbé Loxhay.

Ce sont toujours les « mamies de Darcy », veuves de mineurs pour la plupart, qui chantent au micro. Les paroles n'ont pas changé :

Les gens du Nord
Ont dans leurs yeux le bleu
Qui manque à leur décor
Les gens du Nord
Ont dans le cœur le soleil
Qu'ils n'ont pas dehors…

La cérémonie terminée, le cortège se presse en direction de la place Jean-Jaurès pour y découvrir les illuminations de Noël. Soudain, noir complet : l'éclairage public vient d'être totalement coupé. Puis tout l'hôtel de ville s'embrase dans un concert de « Aaah ! » et de « Oooh ! » Comme lors des deux Noël précédents, depuis la victoire du FN, toute la ville est habillée de blanc et de bleu. Un badaud, de toute évidence, cherche à me faire réagir : « C'est bin beau ch'bleu marine hein ! » Une élue qui l'accompagne, sans doute gênée à l'idée que je puisse écorner publiquement son maire – un maire qui n'hésite pas à décliner les illuminations de Noël aux couleurs de sa candidate – tente de rattraper le coup : « Mais non, c'est couleur "reine des neiges", on avait dit, COULEUR REINE DES NEIGES ! »

Je ne peux saisir la suite de la mise au point, un mouvement de foule agite l'assistance : Marine le Pen s'avance vers l'escalier d'honneur déjà bondé, suivie par une nuée de journalistes qui ne veulent rien rater de son triomphe. Certains habitants protestent car ils se font quasiment piétiner. Des militants FN, venus de toute la région, jubilent : « Ha ! ha, vous allez voir, demain *La Voix du Nord* va écrire qu'il n'y avait que vingt personnes. J'les attends de pied ferme. » C'est certain, il y a du monde. Gageons que le « buffet chti gratuit », offert par la municipalité, qui doit conclure cette Sainte-Barbe dans les salons d'honneur, n'y est pas pour rien.

Mais il faut d'abord inaugurer dans le hall de la mairie l'exposition sur les mines et la sidérurgie, proposée par les anciens salariés de Metaleurop de l'association ACED Metallia. Les discours de leurs responsables sont à peine audibles. Tout le fan-club du maire s'est pressé dans le grand escalier pour être certain d'avoir sa place en haut, pour la suite des réjouissances. Marine le Pen tient une conférence de presse improvisée et bruyante à l'autre bout du hall. J'en suis presque gênée. Je suis l'inauguration de l'exposition mais finis par partir, découragée par cette foule hostile venue acclamer son maire, sa crèche et sa candidate à la présidentielle ; écœurée de voir la Sainte-Barbe se transformer en temps fort du Rassemblement bleu marine.

Des copains restés sur place me racontent, effarés, la suite des réjouissances : le maire se lançant dans une attaque en règle contre l'opposition, jetant en pâture le nom de mon collègue David Noël et faisant siffler par la salle comble l'odieux crime de lèse-majesté de celui qui a osé attaquer en justice le sieur Briois. Devant son fan-club en délire, l'édile règle ses comptes. Mais les cérémonies municipales ne sont pas la chambre d'appel des décisions de justice. Ce genre de comportements pyromanes, par leur répétition, deviennent presque un trouble à l'ordre public.

Ceux-là mêmes qui reprochaient à Gérard Dalongeville une cérémonie politicienne ont réussi l'exploit de dépasser le maître en la matière. La crèche, que la justice administrative a interdit d'installer dans le hall de la mairie, trône fièrement sur le marché de Noël. Elle fait face… à l'agence locale de *La Voix du Nord*. Au FN, on est doué pour la violence symbolique.

12

En 2013, dans une énième tentative de se détacher de son image d'extrême droite, Marine le Pen, invitée du *Grand Jury* RTL, revendique pour le FN l'appellation de « parti patriote », terme qui selon elle révèle « une vraie fracture politique » avec les « autres partis qui ne croient plus dans la France, qui sont pour une politique supranationale et qui ont transféré une partie de la souveraineté de la France [...] ».

Le message est clair : être patriote, c'est d'abord être contre l'Europe. En prenant les commandes d'Hénin-Beaumont, Steeve Briois s'empressera d'ailleurs d'en faire disparaître le drapeau. La bannière étoilée laisse place sur le fronton de la mairie à trois drapeaux bleu, blanc, rouge. Puis c'est le rond-point de l'Europe, chargé de symboles, qui est redécoré. Construit dans les années 1980, il marque l'entrée de la ville lorsqu'on arrive par l'autoroute. Pendant une trentaine d'années y ont flotté les drapeaux des différents pays de l'Union européenne, de plus en plus nombreux. Tous ces drapeaux disparaissent avec l'arrivée du FN, remplacés par les couleurs de la France. Les rues menant à ce rond-point gardent leurs noms – boulevard Winston-Churchill, boulevard du Général-Eisenhower, boulevard Willy-Brandt, boulevard du 6-Juin-1944 – elles nous rappellent que la France, si patriote qu'elle soit, n'aurait pas été très loin sans ses voisins européens.

Le patriotisme est aussi au rendez-vous des commémorations qui mettent à l'honneur les associations d'anciens combattants et rythment la vie municipale d'Hénin-Beaumont.

L'élection d'un maire Front national est de ce point de vue un petit séisme. Parmi les adhérents des différentes associations patriotiques de la ville, il y a des sympathisants FN qui ne voient bien sûr pas le problème, mais aussi beaucoup d'autres qui redoutent la récupération. Chacun a en ligne de mire le 27 avril, 69e journée du souvenir des victimes de la déportation, dont la charge symbolique s'est alourdie avec la victoire de l'extrême droite.

Les associations patriotiques sont divisées sur le comportement à adopter, comme le relate un article paru dans *La Voix du Nord* le 27 avril 2016. Certains, comme les sous-officiers de réserve, mettent un point d'honneur à affirmer qu'ils ne font pas de politique ; d'autres, comme les gardes d'honneur de Lorette, sont sceptiques et attendent de voir ce qui va se passer. Enfin, la FNACA (Fédération nationale des anciens combattants en Algérie, au Maroc et en Tunisie), l'ACPG-CATM (Anciens Combattants, Prisonniers de guerre-Combattants d'Algérie, Tunisie, Maroc, TOE, autres conflits-veuves) ou le Souvenir français, la plus ancienne organisation mémorielle, semblent inquiets.

Christopher Szczurek, adjoint à la vie culturelle et associative, souhaite rassurer tout le monde et affirme que Jean-Marie Le Pen s'est excusé dès le lendemain de sa saillie sur « le point de détail de l'histoire », que les familles de trois élus de la nouvelle équipe municipale, Bruno Bilde, Jean-Robert Havet et Jean-Richard Sulzer, ont même été touchées par la déportation, et qu'il n'y a donc aucune crainte à avoir en ce qui concerne la commémoration à venir.

Quelques jours plus tard, la première réunion du comité de coordination des sociétés patriotiques, présidée par Steeve Briois, se déroule sans accroc majeur. Michel Waugrand, président du Souvenir français, interrogé après la réunion par *La Voix du Nord*, résume son sentiment : « On n'est pas là pour faire de l'anti-FN mais du pro-devoir de mémoire ! Ce devoir de mémoire, on en est dépositaires, est-ce qu'on peut écarter les causes et les effets de ces morts ? »

Sobriété et dignité sont au rendez-vous de la journée du 27 avril. Seul changement, ce ne sont plus les enfants des écoles qui lisent les messages des déportés, mais Jean-Richard Sulzer et Jean-Robert Havet, deux élus Front national, eux-mêmes petits-fils de déportés : « Dans nos sociétés où réapparaissent des actes et propos xénophobes, racistes, antisémites et discriminatoires, les rescapés des camps de la mort rappellent toute l'importance des valeurs de solidarité, de fraternité et de tolérance, qu'ils n'ont eu de cesse de promouvoir et défendre depuis leur retour. Il appartient aux générations suivantes de préserver ces valeurs qui sont celles de la République. » Entendre ces mots dans la bouche d'élus FN a quelque chose de vertigineux. Mais Steeve Briois a été élu maire démocratiquement, les choses ne peuvent en être autrement. Un boycott serait surréaliste et ce genre de circonstances interdit les polémiques.

Les commémorations s'enchaînent. Victoire du 8 mai 1945, Journée nationale de la Résistance le 27 mai, Journée nationale d'hommage aux morts pour la France en Indochine le 8 mai, Journée nationale commémorative de l'appel du 18 juin, du 14 Juillet, 11 Novembre. Chacun fait en sorte de tenir son rang dans cet exercice très protocolaire.

Une réunion est prévue au début de l'année 2015 pour l'organisation de deux cérémonies : celle du 10 mars, commémorant la fameuse catastrophe minière de Courrière, à côté d'Hénin, qui fit mille quatre-vingt-dix-neuf morts. Puis celle du 19 mars, qui célèbre le 53e anniversaire du cessez-le-feu en Algérie, le lendemain de la signature des accords d'Évian entre la France et le Front de libération national algérien.

Onze mois après les élections municipales, tout le monde est aux avant-postes pour observer le comportement du FN local considérant sa position sur le conflit algérien. La réunion préparatoire du comité de coordination des sociétés patriotiques est cependant annulée au dernier moment, et non reportée, ce qui inquiète les anciens combattants d'Algérie, d'autant plus que, lors de la première réunion de ce comité, Steeve Briois avait été assez flou au sujet du 19 mars, insistant plutôt sur la nécessité d'organiser quelque chose le 25 septembre pour rendre hommage aux harkis.

Contrairement à l'usage, la cérémonie est organisée sans concertation. Les responsables de la FNACA ne prennent connaissance de l'invitation officielle qu'au moment où elle leur est adressée par courrier. Elle est entièrement noire, comme pour un deuil, alors que les invitations pour les autres commémorations contiennent toujours un rappel tricolore. Ils s'indignent : « Nous voulons simplement de la mémoire pour cette période de notre vie. On a participé à cette guerre pendant deux ans, plus pour certains, sans l'avoir choisi. On a droit au respect sans polémique. »

Les anciens combattants d'Algérie sont d'autant plus en émoi qu'un mail extrêmement violent envers la FNACA circule au même moment dans la ville. Le message émane de Clément Golka, qui, colistier de Gérard Dalongeville en mars 2014 et appelé à siéger pour remplacer l'ancien maire rattrapé par sa peine d'inéligibilité, a choisi dès sa première séance au conseil de siéger dans le groupe FN. Il est aussi adhérent de longue date de plusieurs associations d'anciens combattants et ne trouve rien de mieux à faire que de transférer à tout son carnet d'adresses, sans aucun commentaire, un message du vice-président du comité d'extrême droite Veritas, nostalgique de l'Algérie française. Le mail qualifie la FNACA de rassemblement de « négationnistes d'obédience gauchiste », fait l'éloge de l'OAS, présentée comme un rassemblement d'« hommes d'honneur choisissant la désobéissance au parjure » et parle à propos du 19 mars d'une « loi de commémoration scélérate ». On a connu plus rassembleur…

À l'approche de cette première commémoration du 19 mars 1962 organisée par le FN, la tension est donc à son comble, et ce, d'autant plus que la cérémonie est la seule, depuis le début du mandat, à ne pas être inscrite dans l'agenda du bulletin municipal. Pour Michel Boisset, président de la FNACA locale, c'est « comme si [les anciens combattants d'Algérie] n'existai[en]t pas ».

La cérémonie se fait comme toujours en deux temps, l'un à Hénin, l'autre à Beaumont, avant de se conclure par un pot de l'amitié. Comme chaque année, le président de la FNACA fait un discours, suivi par celui du maire. Michel Boisset a tout de suite le sentiment que le maire veut régler ses comptes : « Il a dit publiquement que j'étais influencé par un parti politique, que nous étions des mauvais coucheurs mettant en valeur les bonnes et les sérieuses associations patriotiques. […] il a plutôt défendu les rapatriés et les harkis, alors que nous aurions dû entendre un rappel sur le devoir de mémoire vis-à-vis des jeunes générations, en hommage à nos trente mille camarades morts à vingt ans pour la France. À la fin de son message, le maire nous a fait chanter *La Marseillaise*… c'est dire l'état d'esprit qui régnait. »

La rupture aura lieu un an et demi plus tard, le 21 octobre 2016, à l'occasion de l'assemblée générale annuelle du comité local de la FNACA, qui compte une cinquantaine d'adhérents. Sont présents aussi Christopher Szczurek, adjoint chargé des associations patriotiques, et Clément Golka. Après la provocation du faire-part noir, en mars 2015, la municipalité a carrément décidé de ne pas déposer de gerbe le 19 mars 2016, ni à Hénin, ni à Beaumont. Le débat s'engage à ce sujet. Plusieurs témoins racontent que l'adjoint au maire demande la parole pour justifier l'action de la municipalité, reprochant à M. Boisset de « politiser » toutes les actions qui ont pu être menées contre la municipalité. Lequel répond calmement qu'il ne subit aucune pression politique et souhaite simplement être traité de la même façon que les autres sociétés patriotiques. Après de vives altercations, Christopher Szczurek finit par quitter brutalement de la salle. « Bravo la démocratie », commente-t-on narquoisement.

À l'occasion de la commémoration de la libération d'Hénin-Beaumont, le 2 septembre 2016, la maison des Sociétés patriotiques est inaugurée. Tous les responsables associatifs, sceptiques et moins sceptiques, sont enchantés, même la FNACA, fair-play : « Faut reconnaître que c'est pas mal ! » Le panneau extérieur, qui récapitule les horaires de permanence des différentes associations, comporte cependant une erreur… sur le nom de cette association, devenue « FNCA », erreur non réparée à ce jour. Faut-il y voir une coïncidence ou une nouvelle provocation ? Un adhérent : « Une petite vexation de plus, leur spécialité. On n'est sûrs de rien, mais c'est comme par hasard sur nous que ça tombe. Comme si on essayait de nous effacer. »

Autre association sceptique dès le début du mandat, le Souvenir français, qui entretient notamment les tombes des soldats et travaille avec les élèves sur le devoir de mémoire, n'a pas été épargné par la municipalité. Tout a été pourtant fait par ses responsables pour préserver leur association. Le président, Michel Vaugrand, démissionne dès le début du mandat pour ne pas avoir à travailler avec Steeve Briois et « ne pas porter préjudice au Souvenir français ». Le bureau sortant du Souvenir français héninois se réunit donc au mois de janvier suivant et élit Henri Lemonnier président, en présence du délégué général du Pas-de-Calais.

Seulement, Henri Lemonnier est socialiste, ce qui ne plaît pas du tout à Steeve Briois, qui conteste immédiatement son élection.

Cet adjoint ne semble d'ailleurs jamais craindre d'être irrespectueux ou de manquer de solennité lors des diverses cérémonies du souvenir. Le 8 mai 2015 marque de ce point de vue là un point culminant. Comme chaque année, j'apporte un bouquet pour la cérémonie. Une fois la commémoration officielle terminée à Hénin, alors que tout le monde est en train de monter dans le bus pour Beaumont, Bruno Bilde s'empresse d'ordonner à deux agents de nous fermer les grilles du cimetière au nez. Une discussion, très vive, s'engage. L'adjoint FN évoque « des textes » qui « interdiraient » de déposer des gerbes politiques le 8 mai, avant de déverser sa litanie habituelle : « scandaleux », « incroyable », « ridicule », « jamais vu ça » « manque de respect », « les anciens combattants sont FU-RIEUX », « dans AUCUNE VILLE EN FRANCE l'opposition n'oserait faire ça ». Nous déposons finalement, sous sa surveillance furibonde, nos gerbes dépouillées de toute mention politique, en silence.

À Beaumont, le même cirque recommence. Bruno Bilde multiplie les photos, procédant de manière aussi méticuleuse que dans un épisode de *New York-Police Judiciaire*, et sommant le photographe de la ville de le seconder. Il m'explique, furieux, qu'il va se plaindre « au colonel » présent pour l'occasion et saisir le préfet. Que ça ne se passe comme ça « DANS AUCUNE VILLE DE FRANCE », crie-t-il une bonne vingtaine de fois. En creusant la question l'après-midi même, je me rends bien sûr compte qu'aux quatre coins de la France, des gerbes ont, le jour même, été déposées dans les cimetières par des partis politiques, y compris par le Front national, par exemple à Villejuif, Champigny et Villers. L'affaire sera bien entendu classée sans suite. De toute façon que risquais-je ? Une condamnation pour dépôt abusif de gerbe ? Pour fleurissement sauvage de monument aux morts ? Tout cela est grotesque. De toute manière, les fleurs en question disparaissent mystérieusement – suivez mon regard – au cours du pot républicain qui suit la commémoration.

Au cours du repas officiel qui se tient l'après-midi, je fais comme à mon habitude le tour des convives pour les saluer et bavarder. Leurs remarques sont rassurantes, la plupart sont outrés par le comportement de Bruno Bilde. « Dans un cimetière, en plus ! On a bien le droit de fleurir les tombes qu'on veut quand même, ça commence à bien faire ! » Plus loin, on me lance : « Le devoir de mémoire n'est le monopole de personne. T'es arrière-petite-fille de décorés de la Légion d'honneur, ils vont quand même pas te donner de leçon de patriotisme. En tout cas ne t'inquiète pas, tu n'as pas à en recevoir. Et continue ! » Comme quoi, parfois, il suffit de ne pas se laisser impressionner et de rester droite dans ses bottes, sûre de ses droits, sans se débattre avec trop de véhémence, pour que le soufflé retombe de lui-même.

Cela peut paraître étrange, mais pour moi les cérémonies patriotiques sont les moments les plus difficiles du mandat. Le poids de l'histoire. Le cœur qui se soulève. Le visage qui reste de marbre pour ne pas troubler la cérémonie.

Un profond malaise m'envahit lorsqu'il faut écouter, impassible, Bruno Bilde lire le message des déportés pour la Journée nationale du Souvenir des victimes et des héros de la déportation, le dimanche 26 avril 2015 :

« Au lendemain des événements tragiques qui ont durablement ébranlé la conscience collective au mois de janvier dernier et réveillé nos sentiments patriotiques, nous voulons dire notre attachement à la République et l'unité nationale. L'oubli, la banalisation de l'horreur et de la violence, l'instrumentalisation de la peur et le rejet de l'autre sont les dangers qui menacent nos sociétés. ».

C'est dans ces moments lunaires que la « normalisation » du Front national est la plus perturbante. Je me sens terriblement impuissante, parce que j'ai beau me repasser le film dans tous les sens, je ne vois pas quand j'aurais pu, moi, faire quelque chose de différent, qui aurait changé le résultat de cette élection municipale de 2014. La lame de fond est partie de loin. Elle nous a tous emportés sur son passage. Et maintenant il y a cette réalité : on commémore la victoire de la Résistance et des alliés de la France face au totalitarisme nazi et à ses alliés de Vichy. Et le maître de cérémonie est d'extrême droite. En même temps, on sait qu'il serait ridicule de rendre les frontistes responsables de tout cela. Leur stratégie de dédiabolisation sème la pagaille au cœur même de notre conscience. On s'en veut à la fois de trop leur en vouloir et de trop les défendre. Impossible de trancher entre ces deux sentiments. La réalité, c'est que nous ressentons les deux en même temps. D'où ce vertige. Fruit de notre tendance personnelle à voir le meilleur dans chacun ou victoire stratégique de leur part ? Bienveillance ou naïveté ? Ils ont réussi à bordéliser jusqu'à nos sentiments intérieurs.

Le point culminant sera cette fois où l'harmonie municipale joue, à la demande de la municipalité, *Le Chant des partisans* devant la stèle de Jean Moulin. Ce matin-là, lorsque je reconnais les premières notes de cet hymne de la Résistance, une vague d'émotions me submerge. Je sais que je ne suis pas la seule à avoir le souffle coupé. Nous évitons de nous regarder, de peur de ne pouvoir retenir nos larmes. De ma place, j'observe les adjoints FN arborant fièrement leurs écharpes bleu, blanc, rouge. J'écoute, en silence, respectueusement ; les notes s'égrènent tandis que les paroles défilent dans ma tête.

Ami, entends-tu le vol noir des corbeaux sur nos plaines ?
Ami, entends-tu les cris sourds du pays qu'on enchaîne ?
Ohé, partisans, ouvriers et paysans, c'est l'alarme.
Ce soir l'ennemi connaîtra le prix du sang et les larmes.

Montez de la mine, descendez des collines, camarades !
Sortez de la paille les fusils, la mitraille, les grenades.
Ohé, les tueurs à la balle et au couteau, tuez vite !
Ohé, saboteur, attention à ton fardeau : dynamite…

C'est nous qui brisons les barreaux des prisons pour nos frères.
La haine à nos trousses et la faim qui nous pousse, la misère.
Il y a des pays où les gens au creux des lits font des rêves.
Ici, nous, vois-tu, nous, on marche et nous, on tue, nous, on crève…

Ici chacun sait ce qu'il veut, ce qu'il fait quand il passe.
Ami, si tu tombes un ami sort de l'ombre à ta place.

Demain du sang noir séchera au grand soleil sur les routes.
Chantez, compagnons, dans la nuit la Liberté nous écoute…

Ami, entends-tu ces cris sourds du pays qu'on enchaîne ?
Ami, entends-tu le vol noir des corbeaux sur nos plaines ?
Oh oh oh oh oh oh oh oh oh oh oh oh oh oh oh oh…

Je ne suis pas la seule à être ébranlée. Le président d'une des associations patriotiques me confie un jour : « Pendant les commémorations je reste physiquement droit pour être droit moralement. Car l'un ne va pas sans l'autre. Mais à la première cérémonie avec eux, le 27 avril, j'ai pleuré en rentrant. »

13

S'il est une chose que Steeve Briois a bien réussie à Hénin-Beaumont, c'est relancer la vie festive. Il a allongé la durée de la fameuse Ducasse, cette fête foraine dont la date n'a pas varié depuis le Moyen-Âge ! Et son équipe et lui ont multiplié les festivités, en ont ressuscité certaines, ont communiqué davantage à propos d'autres : marché de Noël, Beaumont en Fête, Darcy en Folie, Hénin-Beaumont-Plage, Carnaval, Médiévales, concert de Noël, Semaine bleue, etc. La municipalité met le paquet ! Ça tombe bien, chez nous, on adore les fêtes populaires. Un vieil adage dit même : « C'est une belle danse quand tout le monde danse. »

Alors ceux qui dansent sont servis ! Steeve Briois n'a pas son pareil pour les enthousiasmer. Les nostalgiques du bon vieux temps sont légion à Hénin. On se souvient de l'époque où Miou-Miou et Claude Berry inauguraient en personne le cinéma du centre-ville. On se rappelle Véronique Sanson donnant un concert de retour des États-Unis, puis Renaud au moment de *Laisse béton*, Maxime Le Forestier aussi, et Bernard Lavillier qui avait presque provoqué une émeute. Patrick Juvet, qui, sous la pluie, fait monter sur scène des femmes du public pour danser sur *Le Lundi au soleil* avant de promettre : « Toute ma vie je me souviendrai d'Hénin-Beaumont. »

Eh bien, réjouissons-nous, les stars sont de retour ! Des concerts gratuits, ouverts à tous. Les Forbans, Jean-Luc Lahaye, Desireless, Chantal Goya. Il y a foule… toute la ville y assiste. Enfin presque tout le monde. Depuis le changement de municipalité, des citoyens préfèrent se retirer de l'espace public. Un retraité autrefois très investi dans la vie de la collectivité et toujours président d'une association : « J'essaie d'éviter de me promener en ville, au marché, car je ne veux pas les croiser. J'évite les vœux, je m'y sentirais mal. » Tout le monde n'est pas dupe. Un ancien combattant : « Il a créé quoi depuis qu'il est là, à part les festivités ? On endort la population. »

À Hénin-Beaumont, la politique se fait donc à base d'amusement public. Certains pestent, « c'est du pain et des jeux ici »… Mais la réciproque est vraie : la vie publique est entièrement devenue une affaire politique, même si le maire s'en défend avec véhémence.

La mairie a adressé un signal très clair dès la première semainc de son mandat en expulsant la Ligue des droits de l'Homme et en lui réclamant 36 000 euros de recouvrement de loyers. Arguant du fait qu'aucun bail n'avait jamais été signé entre l''asssociation et les précédentes municipalité, faisant de la LDH un occupant sans titre, mais aussi que les subventions à des associations dites politiques sont totalement illégales. Il reproche à cette association d'être « politisée » et de s'immiscer « dans la vie municipale avec des *a priori* ». La Ligue des droits de l'Homme explique plutôt que c'est avec les droits de l'homme que le Front national a un problème... L'association s'est depuis exilée dans la ville voisine, Noyelle-Godault.

Dans le secteur associatif, le message est reçu cinq sur cinq. Chacun sait ce qui l'attend s'il franchit la ligne rouge qui démarque ce que l'équipe municipale considère comme acceptable ou pas. Édouard Blanc, ancien directeur des Affaires juridiques expliquent : « le Front national a fait intégrer dans les conventions avec les associations de nouvelles clauses, qui leur demandaient de faire des remerciements à la mairie dans les allocutions, les engageaient à faire figurer le logo de la ville dans leur communication écrite, etc. » Cela a divisé. Certains ont considéré que c'était normal à partir du moment où l'on recevait de l'argent municipal. D'autres y ont vu une volonté d'asservissement.

Le Temps de vivre, une des plus importantes associations héninoises par son nombre d'adhérents – des plus de cinquante ans qui se retrouvent pour jouer à la belote, au scrabble, voyager ou prendre des cours d'informatique – a signé. Elle s'est engagée « à faire figurer de manière lisible la commune » dans tous ses documents.

Au sein de l'Amicale laïque, organisme qui regroupe une dizaine d'associations, ayant comme buts communs « l'émancipation intellectuelle et sociale », le débat a fait rage. Roger Grard, président de l'association Guitare amicale folk, qui a été administrateur de l'Amicale pendant douze ans puis trésorier pendant deux ans, finit par en claquer la porte en 2014. Encore échaudé, il raconte : « La mairie a proposé une convention d'utilisation pour notre local. En préambule, il était écrit qu'elle avait les mêmes buts que l'Amicale. Les nôtres sont l'entraide, l'éducation populaire, la citoyenneté... enfin tout ce qu'ils ne sont pas ! Honnêtement, je ne pouvais pas signer ce document ! » Il est de ces bénévoles infatigables qui donnent de leur temps sans compter, le soir, le week-end, pour les parents d'élèves, la LDH, et qui s'investissent dans les événements culturels pour animer la vie locale : « J'habite Hénin depuis 1988 car natif de Bruay-en-Artois mais comme tu vois, j'ai essayé de m'intégrer. » Après avoir claqué la porte de l'Amicale laïque, il a été contraint de relocaliser ses cours de guitares chez des particuliers qui lui ouvrent leur maison. Mais pour combien de temps ? Le maire n'a même pas pris la peine de répondre à ses courriers de demande de mise à disposition de local... Ceux qui refusent la mise au pas imposée par le FN savent à quoi ils s'exposent. Cela peut sembler cher payé, mais c'est le prix pour être en paix avec sa conscience.

D'autres responsables associatifs ont clairement été poussés vers la sortie. Un ancien dirigeant de club sportif héninois : « En 2014, ils ont contacté les éducateurs du club sans l'autorisation du bureau. Puis l'association a dû fournir les relevés de compte du club, la liste des adhérents, et on avait toujours des problèmes d'accès au terrain avec le service des sports. Sur l'exercice 2014-2015, je n'ai pas eu de subvention à temps. Elle n'est arrivée qu'en août 2015, donc après la fin de l'exercice. Ils ont fait ça avec beaucoup d'assos pour les amener à rentrer dans le rang. Malgré une excellente année niveau résultats sportifs, le comité a préféré démissionner de la présidence car manifestement, il ne nous était plus possible de continuer à occuper ces fonctions sans que le fonctionnement du club en soit perturbé. Et puis, je dois reconnaître que je ne voulais pas avoir à prendre des photos dans leurs bras pour sauver les meubles. Le jour de l'assemblée générale, je leur ai dit : "Prenez quelqu'un qui correspond aux critères de M. Brice [l'adjoint aux sports]. Vous aurez moins de problèmes." »

À l'Âge d'or, la deuxième grosse association de seniors de la ville, certains ont aussi fait les frais d'engagements politiques trop voyants. Yvelise en était adhérente depuis sept ans, Christian, son compagnon, depuis leur rencontre, trois ans auparavant. Ils y ont plusieurs copains, la présidente, Nicole, Jean-Claude, son mari, et Roselyne et Jean. Au fil des ans, ils multiplient les amitiés, intègrent le bureau, participent au club d'informatique, ne manquent jamais les jeux de société du jeudi après-midi. Pour les repas dansants mensuels, la coordination est bien ficelée : Roselyne et Jean au service, Christian au bar, Yvelise à la caisse. Les soixantenaires s'éclatent à préparer méticuleusement tout cela… « Surtout le pliage des serviettes ! » Tout allait pour le mieux jusqu'aux élections municipales. Jean-Claude avait prévenu que si le FN passait, il démissionnerait de l'Âge d'or. Les copains ont promis qu'ils suivraient. Et le FN est passé. Avant l'assemblée générale suivante, Nicole et Jean-Claude ont été reçus en mairie : « Bilde leur a dit qu'on étaient trop nombreux de l'opposition dans le bureau de son association, alors qu'au moins cinq des dix membres étaient sympathisants FN. » Yvelise s'était beaucoup investie dans l'Alliance républicaine, qui a remporté les élections municipales en 2009. Quant à Roselyne, elle non plus n'a jamais caché son opposition au FN. « En rentrant du rendez-vous, plutôt que de nous dire "on va devoir agir autrement", nous n'avons en aucune explication mais on a ressenti un très lourd malaise. » Comme par hasard, quelques jours plus tard, l'élection du bureau semble se dérouler sous influence. « Il y avait douze candidats pour dix places. » La suite est digne d'un bon épisode de *Koh Lanta* : « Sur la majorité des bulletins, les noms de Christian et de Roselyne sont barrés. Des consignes ont été passées, sûrement par téléphone. Aucune explication. On est restés adhérents jusqu'à la fin de l'année sans ne plus participer à aucune activité, puis, écœurés, nous n'avons pas renouvelé notre adhésion. »

Ce genre de sacrifices, plusieurs présidents d'association s'y sont résolus : « De toute façon c'est fait, c'est fait, on s'en fout littéralement ! » Marc Drapier, qui s'occupait avec passion du Carnaval, a lui aussi fini par jeter l'éponge, poussé dans ses retranchements par une municipalité désireuse de reprendre à son compte l'intégralité de l'événement.

Alors chacun s'adapte. Bertrand Tranchant, le très sportif président d'Hénin Endurance Team, aussi réputé pour son franc-parler que pour la convivialité de ses trails, fait partie de ceux qui ont habilement su sauver les meubles. Au début du mandat, on aurait pu penser qu'il aurait à payer pour ses divergences de vues. Il était au lycée avec Laurent Brice, Steeve Briois et tous trois se toisent depuis lors. Il faut croire qu'il a su adopter la bonne attitude : ne jamais baisser les yeux, se faire respecter. Son association est apolitique, les adhérents viennent de tous horizons. Quand le Front national a fait planer un doute, au printemps 2015, sur la possible annulation du triathlon qu'il organise chaque année au lac du Bord des eaux entre Hénin et Beaumont, il en alerte la presse… Et obtient le maintien de sa course.

D'autres responsables associatifs s'en tiennent au minimum syndical dans leurs relations avec la municipalité. De cohabiter sans collaborer. Un président, bénévole de longue date : « Je continue de leur envoyer une demande de subvention au nom de l'association, qu'ils nous versent – on ne va pas refuser non plus – et c'est tout. […] Si je vois un élu FN, je m'en tiens à la politesse minimale, “bonjour”, mais pas un mot de plus. Steeve Briois, il a le regard fuyant, il sait que je ne partage pas ses valeurs. » Un autre : « Ils obligent à l'hypocrisie. J'ai appris l'art de faire semblant de rire, d'être agréable devant eux. » Le plus triste pour la commune, c'est de constater que des gens qui avaient tant à apporter à la ville abandonnent leurs engagements, se replient parce qu'ils refusent de se soumettre au petit jeu d'allégeance organisé par le maire.

Certaines associations au contraire ont ouvert grand leurs portes à Steeve Briois, qui s'y trouve comme un poisson dans l'eau. Quelle que soit son étiquette, « le maire » demeure une institution. Qu'il vienne à tel ou tel événement est en soi une fierté. Qu'il soit FN passe au second plan : l'essentiel est qu'il vienne au rendez-vous, qu'il honore le travail accompli, salue les adhérents. C'est une preuve d'estime et de reconnaissance. Steeve Briois a bien compris cela et a le mérite d'écumer tous les rendez-vous associatifs. En homme de terrain accompli, il se montre très à l'aise et patient dans ce genre d'exercice.

Je ne porte aucun jugement sur les stratégies des uns et des autres. Certains sont bénévoles depuis des dizaines d'années, leur engagement est au cœur de leur vie sociale et fait partie de leur identité. C'est leur vie. Le monde associatif a appris à composer et à faire la part des choses. Je ne reproche à personne de travailler avec la municipalité, de demander des salles, des subventions, des lots. Il est normal que les habitants d'une ville puissent y bénéficier de lieux pour s'adonner à leur passion, de réseaux d'échanges riches et variés. La vie doit continuer à Hénin-Beaumont.

Mais la bienveillance n'est à l'inverse pas le lot de ces gens-là. Le Front national ne tolère pas qu'une association puisse vouloir vivre sa vie contre eux, et gardent en mémoire tout ce qu'ils considèrent être des manifestations d'hostilité pour démontrer qu'il existe chez certains « gauchistes » un « racisme anti-Front national », qu'Untel ou Unetelle est « intolérant », « antidémocratique », puisqu'il refuse l'autorité du maire élu. Le piège s'est refermé sur ceux qui souhaitaient résister.

Dans le logiciel municipal, c'est simple : tout ce qui vient d'eux relève du bien commun. Tout ce qui provient d'un émetteur qui a d'autres engagements que les leurs est « politicien » et n'a pour but que de salir la ville. Ce petit refrain s'est doucement installé. On peut reprocher à la présidente du Secours populaire d'être « politique », parce qu'elle a été candidate à des élections sur la liste communiste et entraver le bon fonctionnement de son association en lui faisant subir de multiples péripéties que le maire démentira d'ailleurs systématiquement. Et trouver tout à fait normal dans le même temps que la mère de Steeve Briois, conseillère régionale FN dans le Pas-de-Calais, préside tranquillement l'association Le Temps de vivre, véritable institution de la ville. Ce système à deux vitesses nourrit rancœur et sentiment d'injustice.

Outre la vie associative, la vie civique est aussi affectée. Tout est fait pour décourager certaines personnes d'y participer. Danièle Binaisse fait depuis des années partie de nombreuses associations et a été de tous les événements municipaux: « Quand je participe à un événement et que je parle à quelqu'un de connu ou avec un statut, ça les embête, ils viennent autour pour tendre l'oreille, dissuader les confidences. Et dès que je pars ils se précipitent pour discuter avec la personne. » Ce qui a particulièrement choqué la femme de l'ancien maire, c'est ce qui s'est passé le soir où une réunion publique sur la circulation et le stationnement dans la rue de Verdun était organisée au Colisée: « Je n'habite pas cette rue précisément mais ça n'est pas très loin de chez moi, j'y passe souvent, donc j'en connais les nuisances. De plus, quelqu'un m'avait demandé de l'y représenter car elle ne pouvait pas s'y rendre. À mon arrivée, Bruno Bilde était avec M. Moreau, adjoint à l'urbanisme, devant la salle. Ils m'ont dit: "Vous n'entrez pas." J'ai demandé pourquoi: "Vous n'habitez pas la rue de Verdun." J'ai parlementé un moment. Est arrivé M. Moisan [le directeur de cabinet], que je ne connaissais pas. Il a été tout à fait charmant, m'a expliqué que ce n'était pas une réunion publique. J'ai répondu que ce n'était pas une réunion privée non plus. On n'a pas le même sens des mots, lui et moi. Je lui ai dit: "Je suis bien triste, monsieur." Et sur un ton doucereux, il m'a répondu: "Madame, il ne faut pas être triste, ce n'est pas parce que vous ne pouvez pas rentrer aujourd'hui que vous ne pourrez pas rentrer un autre jour. – Mais monsieur, je suis triste de voir ce qu'est devenue ma ville", que je lui ai répondu. À côté, Bilde rageait. J'ai soixante-seize ans, ils croyaient vraiment que j'allais forcer le barrage ? Je lui ai dit : "Monsieur Bilde, je ne suis pas venue pour vous agresser. Je ne vais pas vous sauter dessus." Lui, il répétait en boucle : "Vous n'entrerez pas. Vous n'entrerez pas." Il était vraiment démonté. D'autres gens arrivaient, personne ne leur demandait où ils habitaient. Ils ne m'ont jamais laissée entrer. »

Un autre jour, en avril 2015, à l'occasion de la journée internationale de mobilisation contre le traité TAFTA, on avait décidé avec des jeunes de diverses sensibilités de gauche de distribuer des tracts au rond-point des Vaches, entre Auchan et Ikéa, pour alerter le public sur les risques pour les normes sociales, environnementales et sanitaires. Cette distribution, qui se passait dans une ambiance bon enfant, ne représentait aucune menace pour la sécurité de qui que ce soit. Au bout d'un quart d'heure cependant, des policiers municipaux viennent nous dire qu'ils ont reçu ordre de nous faire cesser. Motif invoqué par les policiers, visiblement embarrassés : nous n'avons pas demandé « l'autorisation au maire ». Du jamais vu. Angoissant pour nos libertés publiques et politiques. Steeve Briois a-t-il d'ailleurs, une seule fois dans sa vie de militant, demandé l'autorisation au maire pour distribuer des tracts ? Décision d'autant plus incompréhensible que tous les élus Front national avaient voté le 22 septembre 2014 la motion que j'avais portée sur le sujet pour le groupe d'opposition, motion qui déclarait « Hénin-Beaumont commune hors-TAFTA ».

Dans ce climat, le simple fait d'exprimer un désaccord ou de demander des comptes devient conflictuel. Les ados du CAJ (centre d'Animation jeunesse) d'Hénin-Beaumont l'ont expérimenté à leurs dépens malgré leur jeunesse. Le CAJ existe depuis au moins trente ans et accueille des jeunes de onze à dix-sept ans à longueur d'année. Au printemps 2016, des rumeurs circulent sur l'avenir de la structure, les jeunes apprennent en chattant sur Facebook avec le compte officiel de la mairie que le centre doit fermer l'été suivant, officiellement pour travaux. Ils lancent *illico* une pétition en ligne « Ne fermer pas le CAJ » (*sic*). Le lendemain matin, Bruno Bilde et Christopher Szczurek débarquaient, assez énervés, avec la responsable du service jeunesse de la mairie. Bruno Bilde affirme chercher le « coupable » : le CAJ est une « secte », il y a forcément un « gourou ». Il menace de fermer le centre et de congédier les trois salariés si la pétition ne disparaît pas. « C'est du chantage ! » s'exclament les jeunes… qui se plient aux conditions pour ne pas porter préjudice à l'équipe. Une semaine plus tard, par peur d'un éventuel scandale, les élus annoncent que le centre reste ouvert tout l'été mais que le budget en sera divisé par deux. Le 19 septembre, il quitte les locaux qu'il occupait depuis toujours pour laisser la place à la police municipale. Depuis, la fréquentation du centre s'est effondrée.

Le Front national sait qu'il lui est impossible de dicter aux citoyens leur façon de penser. Mais il sait aussi, à force de volonté et d'acharnement, consumer, décourager, saper les engagements adverses et assécher peu à peu le cœur militant et l'âme séditieuse de notre ville qui pourtant en a vu d'autres.

CONCLUSION

La formidable réussite du Front national à Hénin-Beaumont, c'est d'avoir assis son pouvoir, son autorité et même, n'ayons pas peur de le dire, sa popularité.

Il faut reconnaître que pour lui le *timing* était parfait. Car il n'a pas récupéré la ville au fond du gouffre : c'est la municipalité divers gauche de Daniel Duquenne puis d'Eugène Binaisse qui a hérité de ce chantier digne de travaux herculéens, de ses équipes municipales déboussolées, de ses finances anéanties, de cette population trompée et en colère qui se montrera légitimement intraitable et méfiante les années suivantes. C'est dans l'indifférence des médias nationaux et dans l'ombre du procès à rebondissements de "Gérard" qu'ils ont nettoyé les écuries d'Augias. Ayant récupéré en 2009 une ville endettée pour cent vingt-trois ans, ils la restituent, en 2014, endettée pour sept ans. L'équipe Binaisse avait hérité d'une épave. Elle a livré au Front national une cylindrée. Les membres inconsolables de l'ancienne équipe municipale soupirent régulièrement : « En fait on leur a mâché le travail. On leur a préparé le terrain. » Ils n'ont pas tort. C'est la dure loi de la politique, qui est souvent une affaire de *timing*. Le Front national a pu se concentrer sur les finitions, sur ce qui se voit. Et même, grâce au travail de l'équipe précédente… baisser symboliquement les impôts, pour le plus grand bonheur de tous. Le fair-play aurait supposé qu'ils rendent hommage aux élus qui, par le travail accompli de 2009 à 2014, avaient rendu cela possible. Mais les politiques se montrent trop rarement beaux joueurs. Alors, au lieu de lauriers, Eugène Binaisse et son équipe récoltent des insultes. Pas un conseil sans que l'intraitable Bruno Bilde leur tombe dessus à bras raccourcis. Salisse leur bilan. Brandisse une nouvelle preuve de leur incompétence supposée, qu'il semble prendre beaucoup de plaisir à traquer. Sûrement les frontistes leur en veulent-ils de trop leur devoir…

En plus de remercier Dalongeville, qui leur a livré la ville sur un plateau d'argent, Steeve Briois, pourrait reconnaître qu'il bénéficie grâce à lui d'un niveau d'imposition lui permettant aujourd'hui d'avoir les coudées franches, et d'une masse salariale très importante par rapport aux villes de taille équivalente. L'augmentation de la taxe d'habitation de 85 %, ordonnée en urgence par la préfecture dans les années 2000, porte encore aujourd'hui ses fruits alors que les finances ne sont plus dans le rouge, mais les impôts sont loin d'avoir baissé à due concurrence. Beaucoup des fameux emplois distribués par “Gégé” pendant la campagne municipale de sa réélection de 2008 ont de même été titularisés et les charges de personnel n'ont pas vraiment baissé depuis 2009, offrant à l'équipe frontiste des moyens humains pléthoriques pour travailler et lustrer la vitrine.

Le plus ironique, c'est que le Front national a beau avoir condamné les méthodes de gouvernance de Gérard Dalongeville quand ils étaient dans l'opposition, l'équipe actuelle les reproduit avec enthousiasme, tout en s'en défendant avec véhémence. L'animation autoritaire et l'ambiance théâtrale des conseils municipaux rappellent la grande époque. La presse est prise pour cible. La page Facebook « La Voie d'Hénin » ressemble à la version 2.0 de *L'Affronteur*, la feuille de chou infamante que Gérard faisait distribuer dans toutes les boîtes aux lettres pour démolir à la déloyale ses adversaires.

Comme à l'époque de Dalongeville, la communication est extrêmement valorisée, le travail de proximité, scrupuleux. Tout est fait pour donner une impression de mouvement, de dynamique. Même les horaires de travail des agents d'entretien ont été modulés de manière que les habitants les voient en action au moment où ils traversent le centre-ville pour aller travailler.

Lorsque j'ai commencé à écrire ces *Nouvelles du Front*, j'ai mené une cinquantaine d'entretiens et posté sur la page Facebook des Verts d'Hénin-Beaumont, qui est publique, un appel à témoignage. Quelques dizaines de réponses ont fusé, dont beaucoup étaient très positives pour le maire. L'honnêteté m'amène à les reproduire en partie : « Depuis que Steeve est présent la ville revie – Grâce à Steeve je retrouve ma ville de ma jeunesse des années 1980-1990 – Briois le roi des heninois /es. que du bonheur depuis son arrivé. Un changement radical sur tous points etc. – Tout va pour le mieux la ville bouge, Hénin beaumont revie avec ses attractions – Oui Steeve Briois a tenue des promesses et notre ville est propre ! Merci a notre maire très sympathique ! – Bravo au nouveau maire, que du mieux. » Nous ne sommes pas en Corée du Nord. Ces messages n'ont pas été écrits sous la contrainte. La plupart sont même sincères.

Hénin-Beaumont, c'est un peu le *Truman Show*.

Si vous suivez le sens de la marche indiqué par le Front national, si, comme les élus frontistes l'espèrent, vous ne lisez plus *La Voix du Nord*, mais que vous vous informez exclusivement en consultant le journal municipal et la page Facebook qui fait l'éloge du maire, alors vous aurez l'impression de vivre dans le meilleur des mondes. Peut-être même que c'est ça, la clef du confort. Ne pas trop se poser de questions. Ne pas trop s'user à combattre. Rendre les armes. Se laisser bercer par la petite musique d'ambiance proposée par la maison, qui vous promet que votre ville avance, que tout va mieux, qu'on vous protège contre l'arrivée fantasmée de dangereux migrants…

Le FN n'a plus qu'à se gargariser de ses scores électoraux en constante progression et du récit que les frontistes ont concocté : ils ont débarrassé la ville d'un maire corrompu, l'ont remise sur les rails, maintenant elle avance pour le plus grand bonheur de tous – y compris de ceux qui n'auraient jamais pensé dire un jour du bien d'eux. Un *happy end*, presque émouvant, proposé par Steeve Briois et sa garde rapprochée.

L'histoire est belle. Il n'en est que trop conscient. Alors, parfois, il se laisse aller à l'autosatisfaction, comme dans un article du *Monde*, daté de juin 2015 : « Faites un micro-trottoir, vous verrez si quelqu'un dit du mal de moi. S'il y avait une élection municipale dimanche prochain, je gagnerais à 65 % ou 70 % dès le premier tour. Tiens, faisons un pari, même : si je fais moins de 65 %, j'arrête la vie politique. » Fin 2016, sa propagande prend un tour grotesque. Le 26 novembre, il twitte un photomontage de deux sapins de Noël, avec la légende : « À gauche : le sapin de Noël en 2013 quand le PS dirigeait #HéninBeaumont. À droite : le nôtre, qui a coûté moins cher. Cherchez l'erreur… » Steeve Briois a le plus gros sapin. Il veut que ça se sache. Deux jours plus tard, le 28 novembre, juste après la mort de Fidel Castro, un message est publié, toujours sur sa page Facebook, à sa propre gloire : « Aujourd'hui, la ville d'Hénin-Beaumont (élus, habitants, militants) souhaite un joyeux anniversaire à son maire Steeve Briois. Un maire extraordinaire au service d'une ville exceptionnelle. » Un homme hors du commun en communion étroite avec son peuple, ça ne vous rappelle rien ? Irrité, le maire sera obligé de faire une mise au point : « Je ne pensais pas qu'un jour vous iriez jusqu'à reprocher à mon équipe de me souhaiter publiquement un joyeux anniversaire. La chasse à l'homme que vous effectuez à mon égard dépasse la raison et relève d'une véritable persécution.» Il signe «Steeve Briois. Maire (et j'en suis désolé pour vous) d'Hénin-Beaumont».

Ils ont pris la grosse tête. Ne supportent plus la contradiction. Ni même l'idée de perdre. Alors quand ils n'obtiennent pas de vice-présidence à l'agglomération, ils crient à l'apartheid. Et quand je remporte en septembre 2014 la présidence du conseil de surveillance du centre hospitalier d'Hénin-Beaumont, ils désertent. J'y siège en tant que représentante de l'agglomération avec le député Philippe Kemel. Le maire et son adjoint aux finances y représentent la ville. Nous sommes douze à voter à bulletin secret ce jour-là. Bruno Bilde a tenté de me dissuader de poser ma candidature: «Si vous gagnez, vous sombrerez avec votre hôpital.» Steeve Briois a prévenu avant le vote: «Elle est dans mon opposition: si elle gagne, j'en ferai un *casus belli.*» Dix minutes plus tard, il partira en claquant la porte, furibard, après avoir juré: «Je ne remettrai plus jamais les pieds dans cet hôpital», qui n'est pourtant rien de moins que le deuxième employeur de sa ville. N'ayant pas peur du ridicule, il poursuit la bouderie depuis, malgré plusieurs mains tendues. Alors nous avançons sans eux : le centre hospitalier a vu son déficit divisé par trois en trois ans.

Ces *Nouvelles du Front* m'ont surtout permis de reconstituer le puzzle de la méthode frontiste. En mettant les pièces patiemment les unes à côté des autres, en allant à la rencontre des adhérents d'associations, des employés municipaux, de l'équipe paroissiale, de la presse, on se rend compte que la logique qui est à l'œuvre est invariable. Il faut subordonner. Décourager ceux à qui pourrait venir l'idée de s'opposer. Isoler et humilier pour l'exemple ceux qui s'y risquent tout de même et les disqualifier en les accusant – insulte suprême – de « faire de la politique ». Steeve Briois, lui, n'en fait pas. Il trône, dans ce Disneyland frontiste, au-dessus de la mêlée, d'où il garantit et incarne l'intérêt général.

Si l'on gratte le vernis, la France apaisée que cherche à nous vendre Marine Le Pen, à Hénin-Beaumont, c'est aussi, pour ceux qui se mettent en travers du chemin du FN, une France qui intimide et exclut. Vu comme ça, l'envers du décor est moins reluisant. Il effraie, même. Parce qu'à Hénin-Beaumont, vous n'avez pas le choix. Soit vous êtes avec eux, soit vous êtes contre eux. Ou plus exactement vous avez le droit d'être contre eux, dans votre tête, mais il est conseillé de ne pas le montrer si vous tenez à votre tranquillité. L'altérité, ça n'est pas la tasse de thé de ces gens-là. La communication municipale a beau être dithyrambique, la dédiabolisation a beau faire son œuvre, il n'empêche que le FN reste un parti d'extrême droite.

Les gros coups de pression planqués derrière le masque souriant d'un parti inoffensif doivent nous inquiéter, ainsi que les représailles que ceux qui ont décidé de ne pas rentrer dans le rang subissent ou sentent planer au-dessus de leur tête. Ce parti, installé aux commandes, a un effet corrosif pour ceux qui ne s'y reconnaissent pas. Il vous mine le moral, vous ronge les nerfs, il vous affecte, vous affaiblit, il s'insinue dans la moindre faille, et tente de régenter votre vie, y compris votre vie privée.

Au Moyen-Âge, la chape de plomb était un manteau qu'on enfilait à un prisonnier pour le torturer. Aujourd'hui, c'est un fardeau moral qui empêche quelqu'un de se sentir libre. C'est exactement ce qu'on ressent à Hénin-Beaumont.

À l'heure où j'écris ces lignes, la date butoir de l'élection présidentielle approche. Cet attelage Bilde-Briois et leurs amis pourrait constituer dans quelques mois le gouvernement de Marine le Pen si elle l'emportait. À l'échelon d'une petite ville, le système mis en place est impressionnant, malgré le peu de moyens humains et financiers déployé. Il a usé, écœuré et démobilisé une partie du tissu militant et citoyen. De quoi seraient capables ces gens à l'échelon d'un pays ? Avec des outils de surveillance bien plus puissants que les quelques caméras en cours d'installation dans le centre-ville ? À la tête des services de renseignements ? Avec des moyens d'action et donc de nuisances tout autres que ceux d'une mairie isolée au milieu d'une agglomération qui, a ce stade, est toujours à majorité socialiste ?

Oui, le mécanisme qui est à l'œuvre me fait peur. Oui, il est alarmant. Et je suis tout autant perturbée par les témoignages d'une minorité qui subit des pressions que par la satisfaction d'une majorité d'habitants qui n'en semble pas troublée. À moins qu'ils n'en soient pas conscients. À moins qu'ils ne sachent pas quoi faire. À moins qu'ils n'en aient pas la force ou plus l'envie.

Que la majeure partie de la population soit contente fait partie du plan. Le FN louvoie, se camoufle, illusionne. Suscite une forte adhésion de la population à grand renfort de fêtes populaires. Flatte, caresse dans le sens du poil, promet des lendemains qui chantent pour obtenir son graal : la tête de l'État. Et ensuite ?

Vous trouvez que j'en fais trop ? Moi aussi, parfois. Car leurs pratiques ont le don de nous faire des nœuds au cerveau. La force du Front national, c'est de parvenir à instiller le doute au plus profond de chacun de nous : après tout, les gens sont contents, après tout, Hénin-Beaumont n'est pas la seule ville où l'opposition est maltraitée en France et les autres ne sont pas forcément dirigées par un maire FN, après tout, des tas de gens continuent à vivre normalement dans cette ville, peut-être que, en réalité, ce sont les élus de l'opposition qui n'ont pas digéré la défaite… Peut-être un peu. Ou peut-être pas. Et peut-être que quand on aura la réponse, il sera trop tard. J'ai l'impression qu'ici le piège s'est déjà refermé. Grâce à une grande intelligence stratégique. Qui fait qu'une très large majorité de la population n'a objectivement aucune raison de s'en plaindre. Et qu'il sera très difficile d'en sortir.

Lisez Françoise Giroud : « Ainsi commence le fascisme. Il ne dit jamais son nom, il rampe, il flotte, quand il montre le bout de son nez, on dit : C'est lui ? Vous croyez ? Il ne faut rien exagérer ! Et puis un jour on le prend dans la gueule et il est trop tard pour l'expulser. » Relisez-la. Fermez les yeux. Rappelez-vous les chapitres précédents. Réfléchissez-y.

C'est sûr, cette atmosphère est parfois très pesante. Pour supporter de faire de la politique dans cette ville, mieux vaut ne pas être claustrophobe et être immunisée contre les moqueries. Surtout, ne pas se laisser tétaniser par ce qu'il s'y joue. Le rôle d'élu peut être un fardeau parce qu'il nous expose beaucoup, mais il nous donne aussi le luxe de la liberté de parole. Le combat sera long. Le secret du guerrier est de durer. Le sens de l'humour est une arme indispensable, qui permet de prendre du recul et de démontrer le ridicule de certaines situations, là où pousser des cris d'orfraie ferait le jeu du Front national.

Je m'y suis faite. À partir du moment où je franchis le seuil de ma porte, j'ai en tête que je suis potentiellement épiée, qu'on guette le moindre faux pas. C'est sûr que c'est parfois pesant. Mais si c'est le prix à payer pour continuer à faire de la politique dans cette ville, je m'y résous. Car je ne leur ferai pas le cadeau de céder à leur chantage insidieux. Je continuerai à discuter sur le marché et à réagir sur les réseaux sociaux avec ceux qui le souhaitent – qu'ils soient ou non politiquement d'accord avec moi. Parce que se cacher, ce serait renoncer. Et renoncer, ce serait les laisser gagner une seconde fois.

« Les tyrans ne sont grands que parce que nous sommes à genoux », écrivait Étienne de la Boétie dans son

Discours de la servitude volontaire. À nous d'appliquer ses enseignements à Hénin-Beaumont : « Soyez résolus à ne plus servir, et vous voilà libres. Je ne vous demande pas de le pousser, de l'ébranler, mais seulement de ne plus le soutenir, et vous le verrez, tel un grand colosse dont on a brisé la base, fondre sous son poids et se rompre. »

Remerciements

Je tiens à adresser mes remerciements les plus chaleureux à celles et ceux qui m'ont accompagnée pendant la rédaction de ces *Nouvelles du Front*. Aurélien, mon conjoint, dont la bienveillance et la patience à toute épreuve me sont tellement précieuses qu'elles agissent même à distance. Ma famille, qui n'a pas choisi ce combat mais suit les choses de près, en étant toujours présente dans les moments où j'en ai besoin. J'espère que je ne leur pose pas trop de problèmes dans cette ville à l'univers impitoyable ! Celles et ceux qui partagent ce combat contre le FN à Hénin et dans le secteur, et tout particulièrement les copines et copains du groupe Agissons unis pour Hénin-Beaumont, avec lesquels nous avons appris à faire front. Mes amis, qui se reconnaîtront, et m'offrent le luxe de pouvoir, parfois, faire autre chose que de la politique. Mes collègues et Cécile, qui me supportent, dans tous les sens du terme. Les écolos, qui, ici et ailleurs, m'ont toujours soutenue, aidée à prendre mes marques et aiguillée avec leurs précieux conseils. Et enfin tous ceux qui, de près ou de loin, suivent mon travail et m'encouragent. Ils sont une source inépuisable – et renouvelable ! – d'énergie. C'est sûrement en grande partie grâce à eux que je mène encore aujourd'hui le combat, alors que j'aurais pu trouver mille raisons de raccrocher les gants.

Un merci tout particulier à Sophie et Henri, mes éditeurs, qui ont su me convaincre de prendre la plume et qui, du début à la fin de mon travail, m'ont guidée astucieusement. Ainsi qu'à l'équipe des Liens qui libèrent : à Nicolas, Juliette, Anne et Arnaud – avec lesquels j'ai pris beaucoup de plaisir à travailler dans le bonne humeur ET le respect des délais ! Un énorme remerciement, surtout, à Aurélie qui m'a aidée, au cours de longues soirées d'hiver, à mettre de l'ordre dans le capharnaüm de ce mandat.

Ce livre, surtout, est dédié aux habitants d'Hénin-Beaumont, ville où je suis née il y a maintenant trente ans et qui ne cesse de me surprendre.

Hénin-Beaumont, c'est une ville qui prend aux tripes. Qui émeut même quand elle exaspère. Qui s'aime et ne se quitte pas. Malgré la hausse fulgurante des impôts locaux. Malgré les difficultés économiques et sociales. Et même si le fait qu'elle soit tombée aux mains du FN vous bouleverse.

Cette ville, je ne la reconnais pas quand je lis dans la presse les caricatures qu'on en fait souvent, sous l'unique prisme de l'affaire Dalongeville et de la mainmise du Front national. Hénin-Beaumont, c'est aussi une terre historique de résistance et de résilience. Ici, on encaisse les coups la tête haute, sans jamais lâcher prise. C'est cette version de l'histoire que j'ai voulu vous livrer. Je sais bien qu'elle n'est pas plus universelle que la version idyllique élaborée par le Front national à force d'exercices de communication millimétrés. Mais elle est tirée de ma vie et d'échanges avec une partie de ses habitants. C'est notre réalité, à nous qui n'allons pas forcément dans leur sens, mais qui n'imaginions pas la fureur que cela déclencherait chez eux et les coups bas qui s'ensuivraient. Qui n'avions pas envisagé à quel point ces gens-là ne supportaient pas la contradiction, le débat, l'altérité.

Mais Hénin-Beaumont, au-delà des scandales politico-financiers et de sa mauvaise réputation, ce sont surtout des Héninois et des Beaumontois. Certains qui se souviennent que c'était mieux avant, quand « on venait depuis Douai s'habiller dans notre centre-ville ». D'autres qui constituent le fan-club exalté du maire et trouvent « qu'il est beau Steeve quand même ». Les girouettes, « qui ont soutenu quatre partis entre quatre élections » ; des blasés « qui n'en ont rien à foutre de la politique », sans doute parce que c'est plus confortable comme ça et qu'« au moins [ils] ne ser[ont] plus déçus ». Des dégoûtés, « qui le savent bien, que les politiques ça vole notre fric » et qui devant nos explications coupent court :

« Non mais c'est pas grave, je comprends, moi aussi si j'étais élu j'en prendrais. » Des motivés, qui à chaque fois qu'ils vous croisent rejouent la pub de la MAAF en vous glissant à l'oreille : « On les aura, un jour, on les aura. » Les soutiens discrets soumis juridiquement ou psychologiquement au devoir de réserve mais dont la simple existence assoit votre confiance dans la justesse de votre combat. Et surtout une vaste majorité qui prend bien garde de se tenir suffisamment à distance pour ne rien risquer.

Qu'ils aient influencé, inspiré ou simplement vécu les pages qui suivent, ce sont eux qui écriront la suite !

Achevé d'imprimer en février 2017
par Normandie Roto Impressions.a.s., à Lonrai
Dépôt légal : mars 2017
N° impr : 1700166
Imprimé en France